이젊은

이철수의 나뭇잎 편지

있는 그대로가 아름답습니다

2008년 12월 22일 초판 1쇄 펴냄
2020년 4월 29일 초판 7쇄 펴냄

펴낸곳 (주)도서출판 삼인

지은이 이철수
펴낸이 신길순

등록 1996.9.16. 제 25100-2012-000046호
주소 03716 서울시 서대문구 서대문구 성산로 312 북산빌딩 1층
전화 (02) 322-1845
팩스 (02) 322-1846
이메일 saminbooks@naver.com

표지·본문 디자인 (주)끄레어소시에이츠
제판 문형사
인쇄 수이북스
제책 은정제책

ISBN 978-89-91097-89-6 03810

값 12,000원

이철수의 나뭇잎 편지

있는 그대로가 아름답습니다

멀리 농사짓는 사람들의 마을에 들어와 살지만 세상이 어디 빌딩 숲의 도시만인가요?

어디서건 들을 것 듣고 볼 것 보기 마련입니다.

들을 것은 인터넷에도 넘칩니다.

볼 것도 거기 많지요.

다만 소식의 진위와 경중을 가려듣는 건 사람에 달렸습니다.

듣는 사람이 보고 느끼고 판단하는 데 따라 세상이 어두워도 보이고 밝아도 보이지 싶습니다.

지금 현실을 저는 어둡다고 보았습니다.

그저 혼돈스러운 것이 아니라. 시장과 권력이 의도를 가지고 세상을 덫으로 몰아넣고 있다고 보았습니다.

들판과 산과 텅 빈 하늘이 보이는 데서 삽니다.

거기서 자고 깨면, 덥고 시린 사계절을 따라 눈·비·바람을 만나게 됩니다.

젖어 질퍽거리는 땅을 밟으면 옷과 신발에 흙이 묻어나고, 가뭄 끝에 거친 바람 불면 흙먼지를 온 몸에 뒤집어써야 합니다. 비바람에 작물이 쓰러지고 논밭이 쓸려 내려가기도 합니다. 긴 가뭄에 타들어 가는 작물의 수확을 아프게 접어야 할 때도 있습니다. 자연의 조화 속은 짐작이 어렵지요. 그저 체념하고 조용히 대비할 따름입니다.

하늘이 하는 일을 사람이 어쩌겠는가?

마음 깊은 데서 분노가 일지 않는 까닭입니다.

하지만, 사람 사는 세상일은 그러기 어렵습니다. 사람이 만든 세상이니 사람이 바꿀 수 있고, 바꾸어서 더 나은 사회를 만들 수도 있다는 걸 알기 때문입니다.

우리가 만들고 우리가 속해 사는 사회가 잘못 가고 있다는 생각이 많아서 세상을 어둡게 보는 것이겠지요?

사회가 조금씩이나마 밝아지는가 보다 했는데, 쉽게 뒷걸음치지는 않으리라고 여겼는데, 기대는 어리석었습니다. 세상은 뒷걸음치고 있습니다.

그러지 않아도 세상이 가는 길이 그저 따르기는 어려운 길이라고 생각했습니다.

이제 주저도 체면도 없이 폭주하는 현실입니다. 형식적인 민주주의조차 거추장스러워하는 판입니다. 견제 없이 무도한 시장판입니다.

그래서, 여기는 변방이라 하고 돌아앉았기가 힘이 듭니다.

마음이 무겁고, 조용해지지 않습니다.

저녁마다 그 마음과 씨름을 해야 합니다.
세상이 시장과 시장의 요구를 따라 거칠게 변해 가더라도 우리만은 자유로울 수 있기를 꿈꾸지만 쉬운 일이 아닙니다. 살아야 하고 살아남아야 하지만, 살아도 살아남아도 부끄러움을 벗기 어렵습니다.

사실, 살아 있다는 건 놀랍고 고마운 일입니다.
내가 아득히 먼 네서 생명을 이어 와 이렇게 살고 있다는 사실만도 기적 같은데, 우리가 만나는 사람뿐 아니라 짐승과 초목까지 모두 그런 신비의 화신이라는 것 생각하면 더욱 놀랍지요.
참 못난 것들도 본질적으로 경이롭습니다. 작은 것도 아름답지요. 초라해도 소중한 게 생명입니다. 누구나 내가 소중하다 하는 것도 그 때문입니다.
생명을 이어가는 일은 그 자체로 소중한 일이지요.
사랑이 고귀한 일이라 하는 것도 그 때문입니다.
우리 모두, 누구나, 여기까지는 살아서 왔습니다.
그리고 지금, 우리는 너무 많은 생명을 위태롭게 합니다. 생명의 가치를 초라하게 합니다.
신비한 인연들에게 이렇게 냉혹해지는 세상이라니요.

뜰에서 키 작은 대나무가 바람을 타고 있습니다.
그 그림자도 바람 타는 대나무를 따라 일렁입니다.
살아 있으면 피할 수 없는 존재의 그림자이고 흔들림이지요. 추녀 끝에서 풍경소리 들리는 것 보면, 풍경도 그 이야기가 하고 싶은가 봅니다.
살아 있으니 흔들리는 그 번뇌 말고도 세상살이가 주는 크고 작은 번민이 많습니다.
이겨 내야 할 텐데요.
자주 사는 게 힘겹더라도, 존재의 경이로 깊은 위안을 삼고 견디시기 빕니다.
물은 흐르면서 자꾸 넓어지기 마련, 큰 바다로 모여들기도 마련입니다.
아름다운 세상 그리면, 그 세상이 열릴 거라고 믿어야지요.

2008년이 저물어 가는 날 저녁에

이철수 드림

눈빛 든 마루에 앉아

이렇게 차가운 날. 한낮 햇살 잘드는 창앞에 앉아 조용히 하루
보낼수 있는 축복이 겨울 다가기전에 찾아올까? 그런 생각하고
온종일 바빴습니다. 벌써 일속에서 바쁘시지요? 한데서 온종일 일
하고 온몸이 열어 있을 누군가 에게는 죄송천만한 명상!

햇살 잘 드는 창 앞에

이렇게 차가운 날,
한낮 햇살 잘 드는 창 앞에 앉아
조용히 하루 보낼 수 있는 축복이 겨울 다 가기 전에 찾아올까?

아직 살고 있어 이렇게 만나 인사를 나눕니다.
이 일이 한없이 큰 걸 모른다면 살아 있어도 산 것이 아닙니다.
누가 그런 큰일 날 소리를 하고 다니시는가? 쥐도 새도 모르게 다녀도
안심할 수 없는 처지가 아니신가?

살아 있어 나누는 인사

아직 살아 있어 이렇게 만나 인사를 나눕니다.

이 일이 한없이 큰 걸 모른다면 살아 있어도 산 것이 아닙니다.

정수

안뜰방이 큰상이 있습니다. 손님 오시면 가끔 거기 둘러앉아 차도 마시고 군것질도 하지요. 가끔은 술잔이 오가기도 합니다. 그 상 아래, 방석을 대신해서 좁은 자리를 깔아두었습니다. 방석은 겨울용. 자리는 여름·가을용입니다. 입동 지나서 오늘에야 그 자리를 말아 넣었습니다. 돌돌 말아 놓을 수 있는 물건은 지혜로워 보입니다. 공간을 지혜롭게 활용하는 거지요. 으스대느라 온갖 것을 키우는 세상을 살면서도 여전히 수납의 고민이 있습니다. 여름 자리·발·병풍·신발·옷가지……. 겨우내 쉬고 있을 것 참 많습니다.

겨우내 쉴 물건

돌돌 말아 놓을 수 있는 물건은 지혜로워 보입니다.
공간을 지혜롭게 활용하는 거지요.
으스대느라 온갖 것을 키우는 세상을 살면서도 여전히 수납의 고민이 있습니다.
여름 자리, 발, 병풍, 신발, 옷가지……. 겨우내 쉬고 있을 것 참 많습니다.

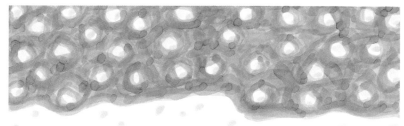

이철수

거기도 눈오나? 어머니 목소리가 들려 옵니다. 한밤 인데.
여기는 눈온다. 첫눈이다. 꽤 많이 온다. 거기도 눈오나 싶어서……
배추 안얼었나? 김장 안했다면서? 배추얼었는지 궁금하기도
하고…… 안춥나? 큰 나라 어머니는 50대 자식의 시시콜콜한 안부
묻고 싶어하는 마음으로 사십니다. 안오는데요? 어디 나갈 것도 아니고
여긴 따뜻하게 해 놨어요. 어른들 건강은 괜찮으시지요? 아들은 늘
바빠지나봅니다. 한 이틀 뒤에나 김장한다니까 맛있게 담가서 보내
드릴께요. 저도 연락드려지요. 건강 잘 챙기세요. 그래, 몸조심 해라. 뚝
나가보니 눈 내려왔고, 눈오고 계셨습니다. 이건! 오늘 밤에도 눈이
오실거라니 이번에는 제가 전화드려야겠습니다. 어머니! 거기도 눈오나요!

거기도 눈 오나요?

거기도 눈 오나? 어머니 목소리가 들려옵니다. 한밤인데.

여기는 눈 온다. 첫눈이다.

꽤 많이 온다. 거기도 눈 오나 싶어서…….

현수

안개속에 희미한 저것들.
해가 떠오르면 뚜렷하게 드러나겠지.
햇살아래서, 습기를 버리고, 생생하게 드러난 실상은, 있는 그대로 아름다울텐데…… . 상처없고 흠없는 존재가 어디 있을까? 겨울 들머리에 남루해진 나무들의 숲에 가서도 나무들의 고된 삶을 만나기 어렵지 않듯, 사람들의 숲인 세상에서도 상처있으면 있는대로 열심히살고 있는 존재들 만날수 있습니다. 키큰 나무 뿐인가요? 풀잎, 이끼·넝쿨이 함께 살고 있습니다. 거짓없이 키크고 작습니다. 응달이 저자리인것 기대서야 설수 있는 것 ……, 있는 그대로 아름답습니다. 있는 그대로.

있는 그대로

상처 없고 흠 없는 존재가 어디 있을까?
겨울 들머리에 남루해진 나무들의 숲에 가서도 나무들의 고된 삶을 만나기 어렵지 않듯,
사람들의 숲인 세상에서도 상처 있으면 있는 대로
열심히 살고 있는 존재들 만날 수 있습니다.

겨우내 차가운 밖에 둘수 없는 것들 들었습니다. 약한 것들입니다. 주인의 호기심이나 객들의 호의 탓에 여기서 겨울을 나기 어려운 생명들이 먼데와서 고생하는 셈입니다.

그 일이나마 다 못마치고, 마을사람들과 어울릴 일이 생겼습니다. 다녀오니 벌써 늦은 밤 입니다. 달이 좋습니다.

데려왔다 하고 방에 들어 갔다가, 나들 도모하지 못하는 값싼 인격들 조차 섞여 나라를 이끌겠다고 나선다는 소식을 듣다 건너왔습니다. 낮고 높고 많은 인품은 아직 우리 시대를 이끌어서 안된다는 국민적 합의라도 있었던 것 일까요?

밖에 두기엔 약한 것들

겨우내 차가운 밖에 둘 수 없는 것들 들였습니다. 약한 것들입니다.
주인의 호기심이나 객들의 호의 탓에 여기서 겨울을 나기 어려운 생명들이
먼 데 와서 고생하는 셈입니다.

재너머 떡,팔고 오던 엄마는
호랑이에게 잡아먹혔지요?
엄마를 기다리던
아이들마저 잡아먹고
싶었던 호랑이는 .
아이들에게 찾아와
엄마 목소리를 흉내내어
말하지요.
종일 떡,파느라
목소리가 쉬었다고 ,흑심찼어
거짓말합니다.
손에는 밀가루를 발라
흉측한 털을 숨기고
문살틈으로
손을 넣어
아이들을 속여
넘기려 듭니다.
거짓말이 꼬리를 무는
거지요. 거짓말이 본래
그렇지요. 거짓이 또,다른 거짓을 낳고, 그 거짓이 더 다른 거짓을 낳는
법임입니다. 흔쾌하지 않는 말들이 한없는 정치·경제 …… 그리고 ,우리.

철수

떡 하나 주면 안 잡아먹지

거짓말이 본래 그렇지요.
거짓이 또 다른 거짓을 낳고, 그 거짓이 더 다른 거짓을 낳는 법입니다.
흔쾌하지 않은 말들이 한없는 정치, 경제…… 그리고 우리.

삶의 끄트머기는, 세상에서 늘 확인하는대로, 한테 어울리고 작은 연고를 따라 역여 살기 마련입니다. 그것은 그것대로 촘촘하게 짜여진 관계지요. 자칫 이기적인 연줄이 되기도 합니다. 잘난 사람들의 유유상종을 어깨너머로 보게 되기도 하고, 가끔 동참을 권유 받기도 합니다. 그흔한 며모습 하나 들어둔것이 없지만, 홀가분한 그게 좋아서 삽니다. 나이 들면 외로워 어느 모임이고 사양하고 지겠구나 싶을 때도 없지 않습니다.

그래도, 그냥 이대로 살게 되지 싶습니다. 절로 생기는 인연도 감당이 어려운데 새 인연을 따라서 낯선데 끼어 앉자면 그건 또 얼마나 힘들까 싶기도 하고요. 살아보면, 인생은 외롭게 혼자인게 제모습인듯 합니다. 제 그림자건, 제 내면이건 제가 저를 길동무삼아 살아가는게 인생이지요. 어른이 된다는건, 그렇게 혼자걷는데 익숙해지고 태연해지는것이기도 하고요. 어려서 혼자 바깥변소도 못가던 기억이 납니다. 그 무섭던 어둠이 마음에 깃든 실없는 두려움인것을 알게 되게 언제더라? 그렇게 어른이 되는거지요. 삶의 약속도 끄트머기인생 멋지 않게 정교한 인연인 것도 알게 되고.

어른이 된다는 건

살아 보면, 인생은 외롭게 혼자인 게 제 모습인 듯합니다.

제 그림자건 제 내면이건 제가 저를 길동무 삼아 살아가는 게 인생이지요.

어른이 된다는 건, 그렇게 혼자 걷는 데 익숙해지고 태연해지는 것이기도 하고요.

개울에서 퉁가리도 잡고 메기도 잡고 피라미도 잡았습니다. 제가 잡진
못하고, 마을사람들이 삽·족대 들고 마을앞 장작개울을 뒤진 결과 였습
니다. 개울 민물생태 조사를 하느라고, 늠수구레한 청년들이 나서서 돈금
없는 천렵을 하게 된 거지요. 15종이나 잡았으니 마을 개울이 꽤 풍푸
한 식생을 가진 것은 확인이 된 셈입니다. 돈 주고 했다는 보고서에는
2계절 조사로 버틀치 1종을 찾았대서 마을의 주민조사단이 본때를 보이
느라 한 일이었습니다.

청수

마을을 지나는 개울이름이 장작개울 인것도 20년 살면서 처음 알았습니다.
땅에 스몄다 흘러 나와서 물이 따뜻하다고 붙인 이름일거라는 해석도 알
게 되었지요. 그 개울가에 밤나무 숲이 울창해서 밤에는 늑대우는 소리
들리기도했다는 이야기를 들으면서 영화같았을 장면을 상상해 보기도
합니다. 웬만하면, 그 숲과 늑대울음 소리를 되살려 보고 싶기도 합니다.
매가 와서 잡마당서 닭을 잡아 뜯고 있다는 마을 아주머니 전화를 받았
습니다. 사진 찍으라는 말씀이신데, 하필 제가 잠 미서 멀리 나와있어
아쉬웠습니다. 그런 사건들이 흔한 마을이 되면 조금더 행복해 질것
같지 않으신가요. 마을 안 동네 멧돼지 발자국이 나왔다는 소식도 들
었습니다. 겨내내 무사하기 비는건 제 마음만 일까요 정작 무서운건 사람!

장작개울을 뒤지며

마을을 지나는 개울 이름이 장작개울인 것도 20년 살면서 처음 알았습니다.
땅에 스몄다 흘러나와서 물이 따뜻하다고 붙인 이름일 거라는 해석도 알게 되었지요.
그 개울가에 밤나무 숲이 울창해서 밤에는 늑대 우는 소리 들리기도 했다는
이야기를 들으면서 영화 같았을 장면을 상상해 보기도 합니다.

후배에게 들렀다가 커다란 양철 쓰레기통을 하나 얻었습니다. 살면서 만들어 내는 쓰레기가 많는 사람이라 큰 쓰레기통을 보면 욕심을 내게 됩니다. 이미 광택이 불는 물건이지만 하도 튼튼해서 한평생 쓰고도 남게 생겼습니다. 쓰레기통은, 못쓸것·더러운 것을 담아 뚜껑을 덮어서 감추어 두었다가 낯잠아 멀리 아예 안보이는데로 보내려고 쓰는 물건 입니다. 가끔 버릴것 아닌걸 넣어 보내고 발을 동동 구르기도 하지요.

정수

큰 쓰레기통이 저집에만 필요한게 아닌가 보다 할때가 많습니다. 멀정해 보이는터 결국 버려야하는 물건이 세상에도 많아 보입니다. 그리고 보니 우리사회가 청소다운 청소를 못하고 살아온 듯 싶기도합니다. 쓰레기와 함께사는 지저분한 방을 못견뎌 멀면서, 더러워진 세상과 더러워진 마음에는 이렇듯 대범한 우리들의 현실이, 새로 들여놓는 큰 쓰레기통에 자꾸 마음가게합니다. 저게 희군부대에서 쓰던 물건이지만봐.

몹쓸 것, 더러운 것 담아서

쓰레기와 함께 사는 지저분한 방은 못 견디면서,

더러워진 세상과 더러워진 마음에는 이렇듯 대범한 우리들의 현실이,

새로 들여놓은 큰 쓰레기통에 자꾸 마음 가게 합니다.

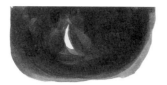

시린 전봇대위에 부엉이한마리. 밤눈이 밝아서 어둠속에서 오히려
자유롭단다. 그눈을, 대낮에도 눈어두운 내가 어찌 알까? 어둠이
평화인줄아는 작은 짐승들은, 그 소리에 잠들지 못하려나 . 부엉!

부엉!

시린 전봇대 위에 부엉이 한 마리.
밤눈이 밝아서 어둠 속에서 오히려 자유롭단다.

뒤란에서 주어온 모과 한소쿠리를 몇알 남겨 집안 여기저기 두었습니다. 모과는 향이 일품이지요? 뚝배기 보다 장맛이라고 못난 모양에 비하면 그 향기가 값어서, 인생의 작은 가르침을 모시는 기쁨을 주기도 합니다. 바람 거칠고 차가운 날이 한이틀 이어졌지만 겨울 값은건 아니지 싶은데, 벌써 모과가 상해가기 시작했습니다. 아직은 향기 여전해서 두고 봅니다. 헤어질 시간이 그리 많진 않았겠지만 ……

정성수

썩지 않는 생물이 어디 있겠습니까?
썩어가는 것이, 그리하여 덧없이 흩어져 버리는것이, 뭇생명의 운명이려니 합니다. 마음만 그리 썩어가지 않기 바라지만 그또한 덧없는 희망입니다. 욕심-욕망으로 가득해진 마음도, 저 가자는대로 그저 두고 따라가면 그것대로 평안이 있는 것일까요? 알수 없습니다.
우리가 사는 이 사회가 그렇게 욕망의 맞나나듦을 추고 있는가 싶어집니다. 튀어쉬우니 이를 어쩌나 싶기도 합니다. 피해 있고 싶어지기도 하지요. 아령같은 그것. 허깨비 같은 그것. 두눈 부릅뜨면 사라질까요! 모과차나 한잔!

모과차나 한잔!

썩지 않는 생물이 어디 있겠습니까?

썩어 가는 것이, 그리하여 덧없이 흩어져 버리는 것이, 뭇 생명의 운명이려니 합니다.

마음만 그리 썩어 가지 않기 바라지만 그 또한 덧없는 희망입니다.

눈이 내려 뜰에 가득 쌓인 날은
집안이 유난히 밝습니다.
해가 들지 않는 자리에도 눈빛은 드는가 봅니다.
그 밝은 기운이 마루를 명랑하게 만들었습니다.
마음이 명랑해 명랑해 지는걸 짐짓 눌러두었습니다.
눈사람 하려 갈것도 아니고, 눈사람 만들자 할것도 아니고, 나가서
썰매를 지치자 할것도 아니어서 그랬을까? 그래도 은근한 설레임이
남아 있었었지요. 눈이 다 녹지 않은채 날이 어두웠습니다.
아이들 있으면, 어린 아이들 있으면, 이런 날 놓치지 마세요! 아까우니까요

눈빛 든 마루

눈이 내려 뜰에 가득 쌓인 날은 집안이 유난히 밝습니다.

해가 들지 않는 자리에도 눈빛은 드는가 봅니다.

한 이삼년전, 로텔라이언덕을 찾아간 적이 있었습니다.
한적한 시골길을 가다가 아무래도 길을 잘못든듯 싶어져서 일본인들이 만든 안내책자를 꺼내 보았습니다. '길을 잘못 든 것 아닐까 싶을때 거기서 조금더 가라'고 했습니다. 놀랍지요? 깊은 계곡이 있었던 기억만 남아있습니다. 우리사회가 아무래도 길을 잘못 든듯 싶은데 무얼 펼쳐보아야 놀랍도록 명쾌한 안내를 받게 될까요?

거기서 조금 더 가라

한적한 시골길을 가다가 아무래도 길을 잘못 든 듯 싶어져서
일본인들이 만든 안내책자를 꺼내 보았습니다.
"길을 잘못 든 것 아닐까 싶을 때 거기서 조금 더 가라"고 했습니다.

차갑게 얼어 있는 돌에
잠시 다녀가는 겨울 햇살.
인색하긴 해도,
그나마 없으면,
겨울 한낮이 더
마음 둘데 없을 듯
따뜻한 햇살 한줌
담아 보냅니다.

이정숙 드림

햇살 한 줌 보냅니다

차갑게 얼어 있는 뜰에 잠시 다녀가는 겨울 햇살.

인색하긴 해도, 그나마 없으면 겨울 한낮이 더 마음 둘 데 없을 듯.

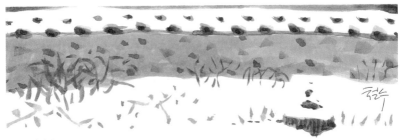

평안하신지요?
생기 없는 겨울 들 한구석, 지친 내 얼굴처럼 메말라 있긴 하지만
거칠터 없는 자리라, 맑은 바람은 군말 없이 만나 오고 가겠습니다.
밤기운 차갑지만 창을 열어 바람을 들입니다.
추위도 맑은 편이 낫다 하는 걸 보니 울화가 치밀어 오르셨는가?
어쩌자고 세상은, 거짓말과 도둑질에 표련을 들고 나서시는가? 하는
심사로? 그럴지도 모르겠습니다. 그런가 봅니다.
맑은 세상에서 서로 따뜻하게 사는 것 보고 싶은데……
제 안에도 차고 맑은 기운 불어넣어 씻어내야 할 것이 많은 줄은 알고
있습니다. 바깥에 손가락질하기 부끄럽지만, 해도 너무하는 해서……

추위도 맑은 편이……

밤기운 차갑지만 창을 열어 바람을 들입니다.

추위도 맑은 편이 낫다 하는 걸 보니 울화가 치밀어 오르셨는가?

어쩌자고 세상은 거짓말과 도둑질에 편을 들고 나서시는가? 하는 심사로?

그럴지도 모르겠습니다. 그런가 봅니다.

오늘은 먹다 둔 사과가 눈에 들어 왔습니다.
사과와 나누는 대화입니다.
눈이 가서 닿는데, 거기도 생각의 시작일 수 있습니다.
입이 궁금하면 군것질거리를 찾습니다.
마음이 궁금해 지는 때도 있기 마련.
네가 마침
거기 있어 주었구나!

겨울날
작은사과한알
뚝잘라 먹고, 절반 넘겨두었더니 시나브로 말라갑니다. 살아있지않으면 바깥기운에 고달리기 마련입니다. 제 주견 없이 그저 흘러가는 통념을 따라 살면, 생각도 그렇게 탄력을 잃고 맙니다. 비판적 사유라고 하나요 세상을 차분히 살피고 이렇게 판단해야 좋은지 저렇게 판단해야 좋은지 생각하며 살아야 합니다. 판단의 기준이 나만이 되기보다 '우리들'이 되는게 필요하지요. 그래야 어른스럽고 성숙한 결론에 이를수 있습니다.

작은 사과 한 알 뚝 잘라 먹고

입이 궁금하면 군것질거리를 찾습니다.
마음이 궁금해지는 때도 있기 마련.
네가 마침 거기 있어 주었구나!

오늘은 새벽 서리가 내렸습니다

마른 풀들의 키 낮은 풍광이 그것대로 아름답습니다.

다 끝나 버린 삶의 찌꺼기이거나 껍데기들이지만 거기 아름다움이 없다 할 것 아닙니다.

힘겹지만 열심히 살아오신 어른들 모습 같았습니다.

이렇게 밝은터니 저무는 느낌이지요? 한해가 저물어 가고 있습니다.
묵는 메모처럼에서 이건 대목 옮깁니다.
- 나는 세금 많이 내는 사회가 부럽다. 싫도록 나누고, 싫어도 나누는 사회가 부럽다.
일했으니 실컷 가지라는 사회보다, 일했으니 많이 내어놓으라는 사회가 부럽다.
일이 일대로지지 않았는가? 나를 위해서 하는일이 남을 위해서 하는 일이 되는
사회. 좋지 않은가? 부럽지 않은가? ……
제가 한말이지만 좋은말입니다. 그건 사회를 바라고 부지런히 가자해도 쉽지
않을텐테 세상은 뒷걸음질 치고 있습니다. 쓸데없는 생각 인가요?
한해 마투리 잘하세요. 전 올해내내 어지러웠습니다. 치울것 치워야지요.

싫도록 나누고 싫어도 나누는

나는 세금 많이 내는 사회가 부럽다.

싫도록 나누고, 싫어도 나누는 사회가 부럽다.

일했으니 실컷 가지라는 사회보다, 일했으니 많이 내놓으라는 사회가 부럽다.

마음은 늘 큰걸음으로 건너뛰고 싶어하고, 세상의
진창은 언제나 넓은가요? 조심스러운 걸음으로
물웅덩이·진창길을 에돌아가면 안되나요?
무슨 일이 그렇게 많아서 뒷산으로 바람한번들 쐬러
못가느냐는 핀잔을 들으면서 그런 생각했습니다.
바삐하는 일이 뭐 그리 대단한 것도 아니면서 ……

조심스러운 걸음으로

마음은 늘 큰 걸음으로 건너뛰고 싶어하고,

세상의 진창은 언제나 넓은가요?

조심스러운 걸음으로 물웅덩이·진창길을 에돌아 가면 안 되나요?

밤마다 별이 충충합니다. 겨울밤은 매서운 추위에 얼어붙은듯하고 그 속에서 소나무들 더욱 푸르지요. 날씨 차가워진 뒤에 소나무와 잣나무의 지조와 푸르름을 안다고요? 겨울 추위에 얼어 있으니 송백과 대나무의 푸르른 빛이 더 짙어 보이는 것이기도 합니다. 겨울을 견디는 생명이 있고 안간힘을 써도 못견디는 생명이 있을 뿐이지요. 그저 천연덕스러운 자연에서 너무 많은 지혜를 찾으려 드는 것도 사람이 하는 장난입니다. 그래도 그게 재미있다는 것도 우리들!

그저 천연덕스러운 자연

날씨 차가워진 뒤에 소나무와 잣나무의 지조와 푸르름을 안다고요?
겨울 추위에 얼어 있으니 송백과 대나무의 푸르른 빛이 더 짙어 보이는 것이기도 합니다.
겨울을 견디는 생명이 있고 안간힘을 써도 못 견디는 생명이 있을 뿐이지요.

허심한 하늘의 크고 너그러우신데
감읍하여, 내리는 눈발을 하늘의 말씀인듯 받습니다.
눈세상의 백성이 되고 신하가 된듯 겸손해 집니다.
세월이 어떻게 흘러가거나 나와 상관없다고 생각하는건
하늘과 나를 두루 잘못 이해하는 태도인것도 알겠습니다.
눈그치면 별과 달과 해가 드러나겠지, 그하늘아래 수많은 꽃들과
짐승들, 그리고 우리 사람들, 서로 무연하고 무관한것 어디 있는가?

눈 세상의 백성

허심한 하늘의 크고 너그러우신 데 감읍하여,
내리는 눈발을 하늘의 말씀인 듯 받습니다.
눈 세상의 백성이 되고 신하가 된 듯 겸손해집니다.

누가 가져다 주었습니다.
사람이 많이 드나들면 그렇게 흘려 있는 것이 많습니다.
단것 좋아한다고 군것질거리를 들고 오는 손이 많습니다.
초콜렛인데 밤알처럼 예쁩니다.
잔칫날도 아닌데,
이밤이 음식처럼
공을 들이고
솜씨를 부린
주전부리를 보게
됩니다.
음식도 그렇고
얼성도 악세사리도

경수

참 별스럽고 예쁘게 만든 것들 보면 마음이 동하기 마련이지요.
세상이 온통, 팔아야 사는 시장통같이 변하고 보니 온갖 재주를
다해 눈길을 모으고 마음을 빼앗아야 하는가 봅니다.
하긴 제가 하고 사는 '그림'일도 크게 다르지는 않습니다.
헛것에 흘려 아까운 돈도 잃고 시간도 마음도 잃어버린 경우도
적지 않지요? 함부로 흔들리지 않는 꼿꼿한 마음을 파는 시장도
어디 있으려나? 하는 실없는 생각도 듭니다.

예쁘게 만든 것들

헛것에 흘려 아까운 돈도 잃고 시간도 마음도 잃어버린 경우도 적지 않지요?

함부로 흔들리지 않는 꼿꼿한 마음을 파는 시장도 어디 있으려나?

하는 실없는 생각도 듭니다.

거기 나 모르는 세상이 있을라

내게는 아카시아 질긴 생명력이 밉상이지만,

이제 보니 새 떼들에게는 상관없는 좋은 숲이다.

날 풀린 겨울 날, 손님 많은 숲을 흘겨보는 마음. 혼자 웃다.

철수

물길도 길이기는 하지요. 산을 자르고 산을 지우고 산을 뚫어 내는 시대를 살았는데, 이제는 물길마저 자르고 잇고 파려는가 봅니다. 있는 그대로 두고도 살아갈 길은 찾을 수 있지

않을까요? 길이 높아져서 큰강을 치어다 보고 살았는데 이제 물길운하가 우리를 굽어 보겠다는 겁니다. 국토가! 아파 비명을 지르고 있는지 그런데……

그대로 두고도

물길도 길이기는 하지요.

산을 자르고 산을 지우고 산을 뚫어 내는 시대를 살았는데,

이제는 물길마저 자르고 잇고 파려는가 봅니다.

있는 그대로 두고도 살아갈 길을 찾을 수 있지 않을까요?

슬픈 얼굴을 가진 주사위가 새로 준비되는 것 아닌가 걱정하는 날.
독식의 확률이 더 높아진 세상인데, 그 확률을 더 높이려는 몰염치.

철수

슬픈 주사위

독식의 확률이 더 높아진 세상인데, 그 확률을 더 높이려는 몰염치.

환한 얼굴을 가진 주사위가 있어도 좋을 텐데 하는 생각으로 ……

철수

환한 주사위

환한 얼굴을 가진 주사위가 있어도 좋을 텐데…….

왜 겨울숲이 좋아지나?
살아갈수록.
헐벗고 묵묵해진 삭막한 풍경속에서 찬바람 맞으며 서있는
조금 흐린 날 오후. 그자리가 왜? 그럽게!
세상에서 아직 씩씩한 사람들이, 고맙다 미워지는날.
실패한 삶, 영락한 인생들의 소식이 오히려 미더운날.

왜 겨울 숲이 좋아지나?

세상에서 아직 씩씩한 사람들이, 고맙다 미워지는 날.
실패한 삶, 영락한 인생들의 소식이 오히려 미더운 날.

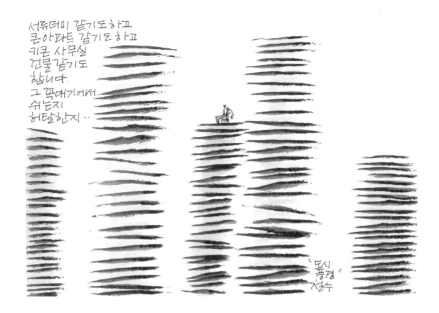

서류더미 같기도 하고
큰 아파트 같기도 하고
키큰 사무실
건물 같기도
합니다.
그 꼭대기에서
쉬는지
허탈한지…

도시
풍경
정철수

그 꼭대기에서

서류더미 같기도 하고, 큰 아파트 같기도 하고,
키 큰 사무실 건물 같기도 합니다.
그 꼭대기에서 쉬는지 허탈한지…….

중년들이 다녀갔습니다. 조금 수선스럽고 소란스러웠습니다.
쏟아낼것이 많아서도, 반가워서도, 서먹해서도, 외로움이 있어
서도 그런테지요. 제가 끼어들 겨를도 없었고 이래저래 바라보는
처지로 반나절 보냈습니다. 주인이라는
사내가 여기 없었다고 하시지 않을지?

찾지에서

그런 걱정도 조금은 들었습니다.
하여튼 웃으며 헤어졌습니다.
오늘 든 상도 아닙니다만,
중년이 눈길주는
그자리,
거기 무엇이
있건
위험하겠다 싶었습니다.
살만큼 살아보고 인생의 그늘이
조금씩 실감나는 나이가 되고보면
마음에도 적당히 군살이 배기고
고삐도 좀 느슨해 지기 마련입니다. 그 고삐도 죄고 제 살아온 길을
한번쯤 돌아보면 좋을 나이이기도 하지요. 오늘에서는 중년풍이네요.

경수

인생의 그늘이 실감 나는 나이

살 만큼 살아 보고 인생의 그늘이 조금씩 실감 나는 나이가 되고 보면
마음에도 적당히 군살이 배기고 고삐도 좀 느슨해지기 마련입니다.
그 고삐도 죄고 제 살아온 길을 한번쯤 돌아보면 좋을 나이이기도 하지요.

눈송이 흩날리는 날도, 마음먹기 나름으로는 하늘에서 꽃송이 쏟아지는 날입니다. 세상에 가득한 것이 가난인가 합니다. 마음에 허기가 져서, 있어도 더 찾고 더 바라고 하는 세상이니 그렇다는 말씀입니다. 배곯는 가난은 또 그대로 여전하고, 참으로 가난한 이들이 날이 갈수록 많아지기도 하는 듯합니다. 멀리 갈 것도 없이 우리 무명 예술인이 겪는 현실이 시대의 가난한 삶을 오롯이 보여주고 있습니다. 그 가난 속에서 바라보는 눈송이가 오사, 꽃송이 같아지기를 바라는 건 어쩌면 비현실적입니다. 그렇기는 하지만, 시대의 마음이 가난해진 것이, 우리 예술인들의 눈과 마음이 가닿아서 새롭게 해야 할 현장인 걸 생각하면 어려워도 마음건사 피해가기 어렵습니다.

세상에 가득한 가난

세상에 가득한 것이 가난인가 합니다.
마음에 허기가 져서, 있어도 더 찾고 더 바라고 하는 세상이니 그렇다는 말씀입니다.
배곯는 가난은 또 그대로 여전하고,
참으로 가난한 이들이 날이 갈수록 많아지기도 하는 듯합니다.

오래 오래 이렇게 엎드려 있고 싶다. 다 잊고, 다 버리고, 할수만 있다면 다 맡기고, 오래 조용히 엎드려 있고 싶다. -엎드려살어! 그분 해주신 말씀도 그런 뜻으로 하셨던 걸까? 조용해질때까지 엎드려 있어 보라고. 눈오시는 날.

정일수

눈 오시는 날

오래오래 이렇게 엎드려 있고 싶다.
다 잊고, 다 버리고, 할 수만 있다면 다 맡기고,
오래 조용히 엎드려 있고 싶다.

날씨가 꽤 차갑습니다. 누가 와서 해주는 말로는, 제사는 곳에 새벽 기온이 영하 21.5℃ 였다고 했습니다. 이 엄동에도 이승떠나신 생명이 계시겠지요? 그랬지 싶습니다. 세상에 사람이 좀 많나요?

누구에게나 이런 날이 오지요? 어느날, 늘 오던 새날이 오시지 않아서 밖에 조등이 내걸리고, 살아 있던 나를 두고 인연 있던 이들이 모여 들어 이야기하는 그런날! 가까운 향남 땅에서 삼육칠년쯤 기른 늙은개가 누가풀어 주기라도 한 것처럼 감쪽같이 풀려서 어디론가 떠났다고 했습니다. 마을 사람들이 동에서도 보고 산앞에서도 보았다는데 끝내 못찾았다네요. 제 죽을자리를 찾아서 저를 떠났는가 보다는게 결론입니다. 아마 그랬을성 싶습니다. 늙은 짐승은 자못 영물이지요. 저 죽을때를 알고 저 누울자리를 찾아가는 것이 그리 특별하달 것도 없습니다. 겨울어느날, 아득찬 산 골짜기에 조팝이 엎드려서식을 들 뎌하고 죽기를 기다리는 작은짐승의 모습이 그림처럼 떠오릅니다. 그자리를 찾아 천천히 걷는 짐승의 뒷모습도 아름다웠을 터입니다. 그리고 보니, 사람의 임종은 그만큼 의젓하기 어려운듯 합니다. 존재를 깊이 살피며 살아야합니다.

누구에게나 오는 날

누구에게나 이런 날이 오지요?
어느 날, 늘 오던 새날이 오시지 않아서 밖에 조등이 내걸리고,
살아 있던 나를 두고 인연 있던 이들이 모여들어 이야기하는 그런 날.

빈뜰에, 이틀 내린눈이 사나흘되어도 녹지않고
머물러 있다. 묵묵한 손님. 표정은 환하시지만.

사람사는 지붕에는
흰눈 녹아 사라졌다.
사람은, 그손님
박절히 쫓아내고
저희끼리 따뜻하단다.

묵묵한 손님

사람 사는 지붕에는 흰 눈 녹아 사라졌다.

사람은, 그 손님 박절히 쫓아내고 저희끼리 따뜻하단다.

무뚝뚝해도
은근히 다정다감한
아이가 있습니다.
'참행복한 우리집'이라고,
핸드폰에 제집 전화번호를 입력하는 아이가 있습니다.
그리 적어 넣게 하자면, 식구들이 서로 노력해야할 것도 많을 테지요?

참 행복한

'참 행복한 우리 집' 이라고,
핸드폰에 제집 전화번호를 입력하는 아이가 있습니다.
그리 적어 넣게 하자면, 식구들이 서로 노력해야 할 것도 많을 테지요?

똥을 펐습니다. 제집 변소는 수세식이 아니어서 한해 두어번은 퍼내야 합니다. 듣자하니 제집 변소에서 똥을 퍼다가 제밭에 뿌리거나 퇴비장에 사용하는 것도 '불법'이라네요? 불법을 자주 하는 셈인가요? 나라에서 제일 힘센 사람들도 불법을 밥 직업 삼아 하는 듯 하던데 ……. 왜, 양대특검의 주인공들 말씀입니다. 퍼내야 할 건 그런 건데 ……, 우리야 기껏, 제 먹고 싸놓은 구린내 나는 똥물이나 푸는 처지입니다. 아내가 똥을 푸다 들어왔다기에 서둘러 나가서 마저 해치웠습니다. 그래도 남자라고 집에 사는데, 여인에게 맡겨둘 일이 따로 있지, 싶어서요. 똥에 물섞어 버리는 문화가 받아들이기 어려워서 내내

걸수

→ 퍼내고 싶습니다. 조만간에 퇴비장으로 실어다 뿌려주면 거름기있는 퇴비로 재탄생하게 되지요. 냄새는 좀 나지만, 초록 전사의 당연한 과업이 아닐 수 없습니다.
노란색은 똥과 오줌이 어우러진 바로 그 물건입니다. 다시 쓰면, 향기로운 열매로, 푸성귀로, 식탁 위에 환생해 오기도 하는, 그 물건.

똥을 펐습니다

노란색은 똥과 오줌이 어우러진 바로 그 물건입니다.
다시 쓰면, 향기로운 열매로, 푸성귀로 식탁 위에 환생해 오기도 하는, 그 물건.

바쁘 돌아친 명절 지내고, 기름냄새 씻어 내고 일상으로 돌아와
차한잔 뜨겁게 타놓고 편안한 오후 맞으시는지요? 가끔은
호사처럼, 그런 시간 있어도 좋지요. 저에게도 물론! 식구들에게
차한잔 우려다 나누어 주는 가장이 되어도 좋을듯 하고, 그러는
자식이 되어도 고만하겠습니다. 향기진한, 더운차의 마음이 되어서!
쉴때, 지나간 감정 다시 새김질하는건 소나하는 짓입니다. 무슨
이야기 하는지 잘 아시지요? 가는 마음 붙들어 앉히는것. 바보짓!

향기 진한 더운 차의 마음

쉴 때, 지나간 감정 다시 새김질하는 건 소나 하는 짓입니다.
무슨 이야기하는지 잘 아시지요? 가는 마음 붙들어 앉히는 것, 바보짓!

새해 맞아서 금연을 결심한 분들 계시지요?
그렇게 마음 정하셨다면 성공하시기 바랍니다.
너무 단단히 마음 먹으면 오히려 어려워지기도 하는게 마음의 묘리라니
참고 하셔도 좋겠습니다.
참으려고 하면 더 힘들기도 하지요?
자연스럽게, 잊어 버린듯 하면서
시간을 두고 길을 들여야지요.
담배가 설자리도 갈수록 비좁아지는것
실감하고 있습니다.

철수

담배를 즐기는 사람도 갈수록 줄어듭니다.
어디에서도 환영 받지 못하는, 애연가들의 수난시대 가 계속 될겁니다.
애연가라는 표현도 드물고, 흡연자 라고 부르는게 일반적 이지요?
저는 멘톨 이라고하는 박하향 있는 담배를 피우는데, 가끔은 순수한
담배향이 있는 독한 담배를 얻어 피우면서 재미있어 하기도 합니
다. 금연선언을 하지 않는한 흡연자의 딱지를 뗄수는 없습니다.
민노당이 내분을 겪고 있다지요? 어느 편에 서건 진보의 딱지를 떼긴
불가능 하겠지요? 흡연의 딱지가 그런 것 처럼! 담배같은 사소한 것
도 매력있어 보이려고 갖은 노력을 다하는 세상입니다. 진보의 수난사
간단치 않지만, 도리없습니다. 매력있게 만드는 일도 진보의 과제 입니다.

흡연의 딱지, 진보의 딱지

담배 같은 사소한 것도 매력 있어 보이려고 갖은 노력을 다하는 세상입니다.

진보의 수난사 간단치 않지만, 도리 없습니다.

매력 있게 만드는 일도 진보의 과제입니다.

올해는 금도 없다는
작은 콩한알.
먹어치우면
눈앞에서 사라져 버릴테지.

나도 언제 그렇게
사라져 흩어질 운을
타고 났으니
너나
나나
닮은
인연이다.

지수화풍의 조화가
너를 만들고
나를 만들어
이렇게 마주하게한 인연이
깊고 오묘하다.

잠시 네게와서
내가되어 다오.
나역시 언젠가
네 자리에가서 네가 되어도 좋을테니.

식어가는 차한잔의 그릇.
찻잔은 그렇게
비우고 새로 담는게
제 소임이지?
네가 그일을

마다하지 않는데,
나는 때로 변덕이 끓어
너를 버리고 새그릇을 맞는다.
신의가 없거나
욕심이 지나치거나
어리석거나 어둡거나
네가 그렇게 그릇이기도 한줄
까맣게 모르고!

너나 나나 닮은 인연

잠시 내게 와서 내가 되어 다오.
나 역시 언젠가
네 자리에 가서 네가 되어도 좋을 테니.

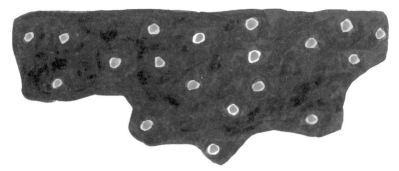

오늘도
어쩔도리없이 혼자였습니다.
하늘에 별들이
부릅뜬 눈처럼 또렷하게 보이는
밤입니다.
천지간에 혼자.
외롭게 혼자 인걸 알고 살라고

하늘에 별들이
일러주러 온듯한 표정
이었습니다. 그아래서
잠시 서있다 들어 왔습니다.
생노병사. 희로애락이
그곁에 다녀갈터입니다.
사귈만 한 것들 이지요.

천지간에 혼자

오늘도 어쩔 도리 없이 혼자였습니다.

하늘에 별들이 부릅뜬 눈처럼 또렷하게 보이는 밤입니다.

이웃에 시집온 중국처녀가 고국으로 돌아갔다는 소식을 뒤늦게 확인 했습니다. 우리말 익히고 나면 적막하던 이웃에 생기가 돌게 될거라고 기대했는데 아쉬웠습니다. 제 아내는 온전한 우리말 우리글 가르쳐 줘야겠다고 이것저것 준비도 했는데……
낯선 땅에서 뿌리 내리고 정붙여 사는 일이 쉬운 일도 아니지요? 무엇보다 너무 빨리 없었던 일이 되어 버린 것이 못내 아쉬웠습니다. 다 밝히기 어려운 사정들이 있었겠지요. 농촌총각들이 장가들기 어려운 사정은 도시화와 산업화가 이루어지는 곳이면 어디나 같다지요? 일을 무서워하고, 쉽게 벌어 쉽게 쓰는 일로 인생을 채우려 드는 세상이 되고 보면 도리가 없습니다. 사실 우리사회 안에서도 똑같은 일이 벌어집니다. 무엇보다, 능력있는 사람이 되기 어려워서, 절망하게 된 멀쩡한 젊음이 너무 많아졌습니다. 세상이 온통 자학에 빠지고 평균인들이 열등인을 자처하게 만드는 이 세상의 끝은 어디일까요? 사회생활을 막 시작하게 될 젊음들이나, 그런 자식들을 둔 장년들이 모두 같이 고민해야 할 문제인듯 합니다. 걱정이지요?

같이 고민해야 할……

무엇보다, 능력 있는 사람이 되기 어려워서,
절망하게 된 멀쩡한 젊음이 너무 많아졌습니다.
세상이 온통 자학에 빠지고 평균인들이 열등인을 자처하게 만드는
이 세상의 끝은 어디일까요?

어둠속에서 저기 불이 켜지고, 그 작은 불빛에 기대어 어둠을 이기고, 못다한 일을 하느라 분주해 지는 사람들의 세상. 어둠속에서도 밝아 있었다는 마음의 빛은, 늘 꺼져 있어도 괜찮다 하고 불편한 줄 모른다. 모르지. 거기서는 일 있어 불적이 없으니. 전기는 벌써 임은지나 우수로 가고, 삶은 살아온 그만큼 어디론가 사라져 버렸습니다. 왜? 어쩌자고, 우리 여기 와서 이렇게 살고 있는지, 새삼스럽게 걱정할것 있는걸까요?

어둠 속에 저기 불이 켜지고

어둠 속에서 저기 불이 켜지고, 그 작은 불빛에 기대어 어둠을 이기고,

못다 한 일을 하느라 분주해지는 사람들의 세상.

어둠 속에서도 밝아 있다는 마음의 빛은,

늘 꺼져 있어도 괜찮다 하고 불편한 줄 모른다.

설경이 축복이 될거라고
했는데, 아직은 현실이라고
말씀하시는듯 폭설이 내리고
있습니다. 눈 그치고 나면
그때나 치우자하고, 그저
바라보고 있습니다. 좋네요.

봄이건 새순이건 꽃이건 올것은
오겠지요. 자연은 때를 놓치는
법이 없고 사람의 마음은 제 멋대로
춤을 춥니다. 다행스러운건
몸이 자연에 속한 것을
스스로 알아서, 나고 자라서 늙어 가는
걸음을 늦추거나 바꾸지 않는 거지요.
갈수록 눈발이 굵어집니다. 봄으로 가는
길목에서 내려놓을것 다 내려놓고
싶으신가 봅니다. 폭설 덕분에 황사
먼지는 많이 가라 앉겠습니다.
종일 눈구경이나하고 싶은데
오늘도 약속이 있고

구절수

살자고 하다보니 바삐 지내는 터이지만, 눈비 구경을 마음 편히 못하다니!

아직은 눈 내려 주시고

자연은 때를 놓치는 법이 없고 사람의 마음은 제멋대로 춤을 춥니다.
다행스러운 건 몸이 자연에 속한 것을 스스로 알아서,
나고 자라서 늙어 가는 걸음을 늦추거나 바꾸지 않는 거지요.

고마운 봄비 오시네

버드나무에는 벌써
봄기운이 감돕니다.
꽃다지 파랗게 돋았다고
탄성을 올리는 손님이
계셨습니다.

철수

여기저기 작은 골짝에는
얼음벽이 여전하지만,
그 아래로 흐르는 개울에는
멀리서온 얼음물이 소리하며
지나고 있었습니다.
얼음장 밑에서, 갓난아기
젖니같은 봄생명들이
채비하고 있을거라.

얼음 벽 아래

여기저기 작은 골짝에는 얼음 벽이 여전하지만,
그 아래로 흐르는 개울에는 멀리서 온 얼음물이 소리하며 지나고 있었습니다.
얼음장 밑에서, 갓난아기 젖니 같은 봄 생명들이 채비하고 있을 거라.

살다 보게 되는 사람들 가운데는 존재가 온통 봄햇살 같은 이도 있습니다. 보기 좋지요. 그 곁에 오래 있고 싶어지기도 하고요. 어떻게 하면 그런 사람이 될 수 있을까 생각해 보지만, 가망성 없음! 이 결론입니다. 올해는 따뜻하고 긍정적인 이야기를 많이 하고 싶었는데 벌써 실패하고 있는 듯합니다. 저기 봄이 보입니다. 그 안에 들어가서 일이나 열심히 해야 할까 봅니다.

온통 봄 햇살 같은

살다 보게 되는 사람들 가운데는 존재가 온통 봄 햇살 같은 이도 있습니다.

보기 좋지요.

그 곁에 오래 있고 싶어지기도 하고요.

누구나 꼭같습니다. 벌거숭이로,
빈손으로, 어미의 몸에서 태어나
세상에 옵니다. 자라면서 비로서
신분의 차이를 알게되고 깨닫게
되는 거지요. 있고 없고, 잘 나고
못나고…… . 나이 먹으면서 힘도
깨닫고 처지도 깨닫게 되지요.
체념도 배우고, 만용도, 어리석음도
배우게 됩니다. 드물게 지혜와
현명과 겸손과 절제 따위도 알게
되지요. 당신은 지금 어떤 처지에
계신지요? 첫시작이 제일 옳습니다.

첫 시작이 제일 옳습니다

나이 먹으면서 힘도 깨닫고 처지도 깨닫게 되지요.
체념도 배우고, 만용도, 어리석음도 배우게 됩니다.
드물게 지혜와 현명과 겸손과 절제 따위도 알게 되지요.
당신은 지금 어떤 처지에 계신지요?

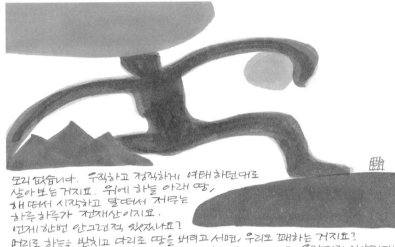

도리 없습니다. 우직하고 정직하게 여태하던대로
살아 보는 거지요. 위에 하늘 아래 땅,
해 떠서 시작하고 달떠서 저무는
하루하루가 전재산이지요.
언제 한번 안그런적 있었잖나요?
머리로 하늘을 받치고 다리로 땅을 버리고 서면, 우리도 괜찮는 거지요?
하늘과 땅을 잇는 존재로, 장엄하기도한 생명인데요. 우리끼리 이야긴터,
아무도 모르게, 사장님도 부모님도 선생님도 모르게 혼자서 그세상 온통
다 껴안아 보는것 어떨까요? 밑져야 본전 이잖아요. 별것 없거든요!

하늘을 받치고 땅을 버티고

도리 없습니다.

우직하고 정직하게 여태 하던 대로 살아 보는 거지요.

위에 하늘, 아래 땅, 해 떠서 시작하고 달 떠서 저무는 하루하루가 전 재산이지요.

천수

황사가 다녀갔지요? 또 오실 거라고, 올해도 황사 소식이 잦을 거라고 했습니다. 내몽고·고비사막…… 차츰 먼데서 오는 손님이시라고 듣습니다. 그 멀리서 여기까지 오는 거라니 하늘길은 문없는 큰길 이라는 말이 맞습니다. 좋은 길로나 궂은 길로나 세상이 도리없는 하나라는 말도 실감이 나지요? 혼자서 제 곁을 맑게 하고 깨끗하게 한다고 해결할수 없는게, 세상의 황사 먼지 같은 오염인가 봅니다. 온갖 것위에 너그러운 은총처럼 고르게 내려 오는 흙먼지를 쓸어내면서 이런저런 생각이 듭니다. 흙먼지 이는 삭막한 땅에서도 우리같은 사람들이 살고 있겠지요? 그 마을에서 출발한 먼지가 이먼데와서 우리와 만나게 될것 꿈도 꾸지 않으면서 말씀입니다.

세상은 도리 없는 하나

혼자서 제 곁을 맑게 하고 깨끗하게 한다고 해결할 수 없는 게,
세상의 황사 먼지 같은 오염인가 봅니다.
온갖 것 위에 너그러운 은총처럼 고르게 내려오는 흙먼지를 쓸어 내면서
이런저런 생각이 듭니다.

꽃 앞에 서다

세상 구경 그만두고 꽃 앞에 서다.

뿌리에서 가지 끝까지 제가 저를 온통 긍정하느라 꽃 색 저리 붉고 곱다.

봄이 몸살처럼
몰려 오는 날,
아내가 꽃 한 병
곱게 담아다
일하는 책상머리에
놓아주었습니다.
'봄이 어찌 오시더냐?' 물으시면
'이렇게 오더라!' 해도 좋으라고.

황사 오가고, 일찍
찾아온 봄날씨가 또
언제 변덕을 부릴지
모를 일입니다.
마음에 오시는 봄이나
꼭 붙잡고 살아야
하늘까 봅니다. 현수

마음에 오시는 봄

봄이 몸살처럼 몰려오는 날,
아내가 꽃 한 병 곱게 담아다 일하는 책상머리에 놓아 주었습니다.
'봄이 어찌 오시더냐?' 물으시면 '이렇게 오더라!' 해도 좋으라고.

쌓아둔 것이 넉넉해서
경쟁력이 대단해서
게다가 마음까지 여유로워서
세상사는 것이 자유롭고 거칠것없는
그런 사람이 있을까요?
그럴리는 없습니다.
세상은, 평균적인 사람들이면 누구나
지치고 고민하고 좌절하고
그래도 다시한번 분발하고
다시한번 시작하는
그런 고된 세상입니다.
조금더 준비된것이 있다고
안도하게 되는 세상이 아닙니다.
돈이 축복이라고요?
돈은 재앙입니다!
축복이기도 하지요!!
재앙이기도 합니다.
따져서 될 일은 아니지요.
질주하는 세상에 올라타고 거칠게
흔들립니다. 초만원이지요? 내리고 싶을때도 있고······

이철수드림
「통로」/전수

질주하는 세상에서

세상은, 평균적인 사람들이면 누구나 지치고 고민하고 좌절하고
그래도 다시 한 번 분발하고 다시 한 번 시작하는, 그런 고된 세상입니다.
질주하는 세상에 올라타고 거칠게 흔들립니다.
초만원이지요? 내리고 싶을 때도 있고······.

어디선가 이 놀라운 봄을 찬탄하는 마음이
있어 봄이 기꺼워 하고 있게 되기를 ……

겨울나무 보다 더 메말라 있는 우리마음을
돌아 보라는지 올봄 비가 넉넉합니다.
돌풍소식도 들리고 그 탓에 피해를 입은
사람들이 있겠지만 자연이야 그렇게
무심한 얼굴로 오고 가는 것이지요.

오늘도 밤늦도록 비가 뿌립니다.
겨우내 말라 있던 대지와 숲을 적셔주는
이 비에, 겨울기운이 마저 사라지고
황사먼지도 가라앉고나면, 조만간
세상 온통 꽃과 새순의 신천지가 되어
버릴겁니다.
잠시 나갔다 오는 틈에 바지단이 젖어
버렸지만 괜찮습니다. 봄비 고마울 뿐.
이 비끝에, 마음이 촉촉해 지시면 좋겠
습니다. 가시보다는 새순 끝처럼 보드라운
마음결이 좋지요, 봄날 행복을 빕니다.

봄비 고마울 뿐

잠시 나갔다 오는 틈에 바짓단이 젖어 버렸지만 괜찮습니다.
봄비 고마울 뿐.
이 비 끝에, 마음이 촉촉해지시면 좋겠습니다.

홍매화가 피려는지

뿌리도 없는 것이 꽃을 피우려나 봅니다.
생명 있는 것마다 이렇게 제 힘껏, 부르던 노래를 마저 부르고 가는 것을!

이틀 봄비가 촉촉하게 내립니다.   마침 퇴비넣어 밭갈아놓은 참
이라 넉넉하게 뿌리는 비구경에 여유가 있습니다. 봄비는 여린 생명
을 닮은 연두빛 일지도 모르겠습니다. 받아 보면 황사먼지가 섞인
칙칙한 황색일지라도, 마음으로 느끼는 색은 그렇다 해야겠지요?
봄날이 피곤하고, 모처럼 비도 오시고, 하루 쉬엄쉬엄 지냈습니다.
몸의 피로에 담겨있는 온갖 시름들 하나씩 하나씩 꺼내 보았습니다.
어느것은 버리고 어느것은 다시 주워담았습니다. 버리기 어려운 옷가지
다시올 계절을 생각해서 장에 넣어 두는 것 처럼요. 봄시름이 춘곤만
탓할게 아니구나 싶었습니다. 똥묻은개가 겨묻은 개 나무라는 세태도 그렇고

쉬엄쉬엄

몸의 피로에 담겨 있는 온갖 시름들 하나씩 하나씩 꺼내 보았습니다.

어느 것은 버리고 어느 것은 다시 주워 담았습니다.

버리기 어려운 옷가지 다시 올 계절을 생각해서 장에 넣어 두는 것처럼요.

길에서 하는 생각.

철수

한이틀 걸에 있었습니다. 오십일을 걸어서 부산 어듬에 도착한 '순례단'을 찾았습니다. 늦겨울과 초봄을 걸에서 지난 사람들은 얼굴빛부터 토종의 모습이 되어 있습니다. 구한말 사진속에서 보게 되는 우리들의 얼굴은 '토인'이지요? 바로 그 얼굴 같았습니다. 자연속에서 살다보면 누나 그 얼굴로 돌아가는 법입니다. 요즘시대에는 대접 받지 못할 얼굴이지요. 그 얼굴이, 문하의 불모성에 대한 경책이로구나! 싶었습니다. 다가올 21세기가 온갖 첨단이 횡행하는 자본과 기술의 시대가 되리라는 예측이 있지만, 그것만은 아닐거라고 믿고 싶어 합니다. 문하 뿐인가요? 그만 두어야 하는 삶의 방식이 참 많고 많습니다. 자연과 다시 만나기 위해서 무진 애를 써서야 살아질 21세기……

길에서 하는 생각

다가올 21세기가 온갖 첨단이 횡행하는 자본과 기술의 시대가 되리라는 예측이 있지만,
그것만은 아닐 거라고 믿고 싶어합니다.
그만두어야 할 삶의 방식이 참 많고 많습니다.
자연과 다시 만나기 위해서 무진 애를 써야 살아질 21세기…….

노성직자께서
함께 길걷다하신 말씀입니다.
-해야할 일이니 한다고 생각해야지.
이겨야 한다.

결과를 얻어야 한다.
그런 생각은 않아야 해.
이기려 드니 상처입고 마음 상하고 …… 그렇지 않은가?
대겨와보니 뜰에 수선 너댓 포기 자라나온 것 눈에 들어옵니다.
꽃은 며칠 더 기다려야 보겠습니다. 너도, 이기자고, 결과를 얻자
하고 온것 아닐테지? 봄이라, 봄날해야할 봄분사 하셨겠지.

길 걷다 들은 말씀

노성직자께서 함께 길 걷다 하신 말씀입니다.
"해야 할 일이니 한다고 생각해야지.
이겨야 한다, 결과를 얻어야 한다, 그런 생각은 않아야 해.
이기려 드니 상처 입고 마음 상하고…… 그렇지 않은가?"

새파란 뱀한마리 물에서 기어나와
조용히 꼬리를 감추는 것 보았다.
짧은 파문이 일었던가? 벌써 감쪽같다.   건수 2008

감쪽같다

새파란 뱀 한 마리 물에서 기어 나와 조용히 꼬리를 감추는 것 보았다.
짧은 파문이 일었던가? 벌써 감쪽같다.

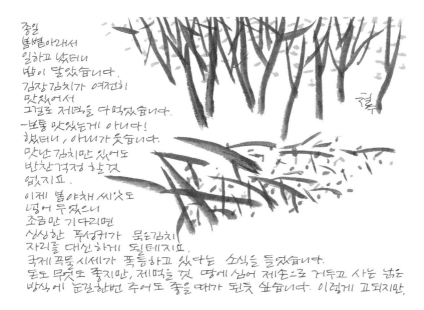

종일
뙤약볕아래서
일하고 났더니
밤이 닿았습니다.
김장김치가 여전히
맛있어서
그걸로 저녁을 다먹었습니다.
—보통 맛있는게 아니다!
했더니, 아내가 웃습니다.
맛난 김치만 있어도
반찬걱정 할것
없지요.
이제 봄야채 씨앗도
넣어 두었으니
조금만 기다리면
싱싱한 푸성귀가 묵은김치
자리를 대신하게 될테지요.
국제 곡물시세가 폭등하고 있다는 소식을 들었습니다.
돈도 무엇도 좋지만, 제먹을 것 땅에 심어 제손으로 거두고 사는 낡은
방식에 눈길한번 주어도 좋을 때가 된듯 싶습니다. 이렇게 고되지만.

제 손으로 거두어

돈도 무엇도 좋지만,
제 먹을 것 땅에 심어 제 손으로 거두고 사는 낡은 방식에
눈길 한번 주어도 좋을 때가 된 듯싶습니다. 이렇게 고되지만.

봄이 한껏입니다. 계절이 늦은 여기서도 봄을 느끼기 어렵지 않습니다. 잔디밭에는, 오지 말았으면 싶은 잡풀들도 많이 왔습니다. 봄의 명령이 그랬던 모양입니다. 그 충직한 봄의 신민들을 어찌지 막습니까. 올 것 다 오라 해야지요.
꽃만 좋아하고 반기는 마음은, 봄을 다 이해하지 못하는, 어리석은 사람의 마음일 뿐이라고 봄날 풍광이 말 전해 옵니다.
옳으신 말씀입니다. 작은 새들 그 말씀 사이로 드나드네요.

옳으신 말씀

꽃만 좋다 하고 반기는 마음은,
봄을 다 이해하지 못하는, 어리석은 사람의 마음일 뿐이라고
봄날 풍광이 말 전해 옵니다.
작은 새들 그 말씀 사이로 드나드네요.

매일 살질하고 밖에서 지낸 덕분에 얼굴빛도 건강해지고, 특히 아침 쾌변이 상쾌합니다. 설사를 달고 산다고 할 만큼 소화기에 문제가 있는 체질이거든요. 산해진미 보다 산나물 시레기에 된장국 정도가 속편한 음식이라 체질로는 양반 되기 어려운 사람이지요.

건강하노!
똥은, 똥 풍긴다.
제주인의
득을 혼속
더럽히지 않고
몸밖으로 나가지 봄밤의 행복을 빌면서
이겨낼수드림

건강한 짐승이 그러듯이 많이 움직이고 적절한 음식을 갖추어 먹고 살면 똥끝이 똑떨어지는 법입니다. 요 며칠 건강한 짐승의 면모를 갖추고 살게 된듯 하여 유쾌했습니다. 피곤에 지쳐 꾼히 잠드는 밤도 고맙고요. 늦은밤, 오신다는 비를 기다리고있지요.

건강한 똥

건강한 짐승이 그러듯이
많이 움직이고 적절한 음식을 갖추어 먹고 살면
똥끝이 똑 떨어지는 법입니다.

- 속이 시커먼 것들! 하고보니
내속도 크게 다를것이 없어
보입니다. 허약하기 짝없는
개인 개인의 마음도 문제지만
욕심 줄이지 못하게하는 세상도
적잖이 문제일듯 싶어집니다.

속이 시커먼 것들

"속이 시커먼 것들!" 하고 보니 내 속도 크게 다를 것이 없어 보입니다.

허약하기 짝 없는 개인 개인의 마음도 문제지만

욕심 줄이지 못하게 하는 세상도

적잖이 문제일 듯싶어집니다.

봄이라고, 나무들마다 새잎을 밀어 올립니다.
이봄에 새잎 피워내지 못하는 나무들은 임종을
맞은 것이겠지요. 봄날, 생명의 생명 다움을
한껏 드러내고 섰는 나무들 보고
생명의 실상을 깨닫지 못하면
봄이 봄아닐지도 모릅니다.

정수

어둡고 어둡고 어두운 마음은, 햇볕 드나들지 않는
깊은 그늘처럼 춥고 외롭고. 그마음으로 세상과
만나는 건 끝없는 고독이지요. 봄밤에, 쓸데없는것
다 접고, 다끄고, 나하고 마주앉아 보면 좋을 듯 해서.

봄밤에

쓸데없는 것 다 접고, 다 끄고,
나하고 마주 앉아 보면 좋을 듯해서.

일하다 말고 갑자기, 문경 봉암사에 다녀왔습니다.
일삼이 갔것이기도하고 일로 간것이기도 했습니다. 어쨌거나, 오랫
만에 다시 보는 희양산 이른 봄 풍광도 좋고, 인적 드문 수행도량의
적적함도 좋았습니다. 십년전이나 지금이나 크게 변하지 않는
자리도 흔치 않습니다. 절아래 ㅡㅡ 골짝에는 굴삭기가 일하고 있잖
습니다. 관세음보살!

청수

희양산은, 꼼짝도 않고 삼매에 든 수행자처럼 의젓한 모습입니다.
겨울안거 중인 스님들께 폐가 될까 조심조심 다녀왔습니다.
해저무는 저녁, 북소리도 들었습니다. 아마 산중선승들도 그 소리
듣고, 산중에사는 산죽도 그소리 들었지 싶습니다. 같은 소리라도
저저금 달리 들었을지도 모르지요.
나오다 들린 화장실 소변기 앞에 '한一步' 라고 써 붙인 글씨를 보게
되었습니다. 한걸음 앞으로! 라는 말이지요? 수행 도량이니, 그앞에
'백척 간두'를 생략하셨으리라 혼자 짐작합니다. 그러셨겠지요?

문경 봉암사

오랜만에 다시 보는 희양산 이른 봄 풍광도 좋고,

인적 드문 수행 도량의 적적함도 좋았습니다.

십 년 전이나 지금이나 크게 변하지 않는 자리도 흔치 않습니다.

절 아래 골짝에는 굴삭기가 일하고 있었습니다. 관세음보살!

봄 화단 여기저기
기세좋은 민들레
많기도합니다.

민들레 잎이
제 생명의 지향을
가리키는
화살표 같습니다.

화살표!
손가락! 봄날 야단의 법문처럼, 민들레가 지천이었습니다.

제 생명 향할 곳으로

민들레 잎이 제 생명의 지향을 가리키는 화살표 같습니다.
화살표! 손가락! 봄날 야단의 법문처럼, 민들레가 지천이었습니다.

새 꽃 새잎이 수런대는 날

봄 뜰에 새 꽃 새잎이 수런대는 날, 새 한 마리 다녀가며 한마디.
"시끄럽기야, 사람의 말이 으뜸이지!"
뜰에 만장하신 꽃들도 새잎들도, 그 말이 옳다고,
와르르! 화르르!

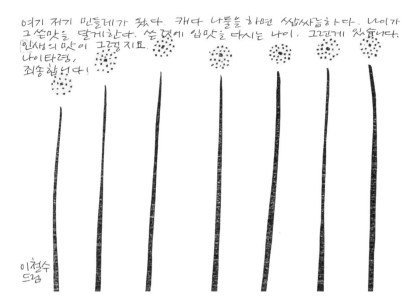

여기 저기 민들레가 폈다. 캐다 나물을 하면 쌉싸슴하다. 나이가
그 쓴맛을 달게한다. 쓴 것에 입맛을 다시는 나이. 그런게 있습니다.
인생의 맛이 그렇지요.
나이타령,
죄송합니다!

이철수
드림

쓴맛이 달아지는 나이

쓴 것에 입맛을 다시는 나이.
그런 게 있습니다.
인생의 맛이 그렇지요.

샛빨갛게 타버린 가문대지에는,
죽음으로 가는 헐거지고 목마른 생명이
헤메다니고 있다. 인간이 마지막에
떠나는 생명이 될 가능성은 없었겠지.
그래, 그렇게, 우리 인간이 사라지는
순간이 지구의 새로운 시작-축복이
아니라고 누가 이야기 할수 있을까?
철수

가문 대지에

그래, 그렇게, 우리 인간이 사라지는 순간이
지구의 새로운 시작-축복이 아니라고 누가 이야기할 수 있을까?

봄 늦어지기 전에, 봄강변 한번 걸어보세요. 꿈결입니다. 아름답기도하
지만 안기면 포근하고 행복해 집니다. 그 강변에서, 젊으면 연애도
좋겠고, 나이 먹었더라도 다정하게 손이야 한번 못 잡아 보려구요?
오늘 그 강변에 있었습니다. 좋았지요.

오리들 자주 오르고 내리는 남한강 목계강변을 걸었습니다. 늦겨울에, 순례떼가
남쪽으로 내려오시면 길게 잠시 합류하였던 차가운 강변은 이제 늦봄의 화사한
봄강입니다. 순례떼의 표정도 한결 푸근하고 여유로우셨습니다. 이제 보름쯤
걸으면 서울로 들어가게 된다네요. 순하게 더해서 광수변 소포기가 국민처럼,
관심이 되고 있습니다. 해서 안될일에 대한 생각이 너무 모자라는 사람들이
하필 정치를 하는가 봅니다. 사람이, 동물보다영악은해도 모자라는 구석이 많고…

오늘 그 강변에

봄 늦어지기 전에, 봄 강변 한번 걸어 보세요. 꿈결입니다.
아름답기도 하지만 안기면 포근하고 행복해집니다.
그 강변에서, 젊으면 연애도 좋겠고,
나이 먹었더라도 다정하게 손이야 한번 못 잡아 보려구요?

아들녀석이 채식에 관심을 두게 된 모양입니다. 고기가 자주 오르는
식탁이 아니지만, 비린 것을 다 버리게 되면 상을 차리는 사람은
신경이 쓰이겠지요. 제게도 그러던 시절이 있었던 터라, '누구네
자식 아니랄까 봐 제 아비 하던 짓을 그대로 한다.'는 누님의
포잔을 그저 들었습니다. 아배는 원만한
사회생활에 지장 있을까 걱정이 되는
모양입니다. 마음이 동하면 마음 가는 대로
해봐야지요. 그게 젊음이지요. 그러다가
생각이 달라지면 또 그대로 좋구요. 소고기가
논란이라, 채식에
관심을 두는 분들이
많아지겠구나 싶
기도 합니다.
순채식은 아니어도
육고기·생선이
너무 흔해진 상을
조금쯤 고민해야
할 때기도 하지요.
지나치게 많이
먹어 버릇한
과식습관이 목하고민스러운 중입니다. 소식에 소박한 밥상이 제일일텐데.

청수

초식 동물의 밥상

순 채식은 아니어도, 육고기·생선이 너무 흔해진 상을
조금쯤 고민해야 할 때이기도 하지요.
지나치게 많이 먹어 버릇한 과식 습관이 목하 고민스러운 중입니다.
소식에 소박한 밥상이 제일일 텐데.

어둠과 한몸이 된 야행성 짐승은 제 눈빛보다
더 밝은 빛을 무서워 하지요. 밤에 켜든 촛불이
제일 무서울
겁니다.
하나
둘도 아닌 수만 수십만
의 밝은 눈빛이, 어둠속 에서 살아 움직이고 있으니!

철수

어둠 속 밝은 눈

어둠과 한 몸이 된 야행성 짐승은
제 눈빛보다 더 밝은 빛을 무서워하지요.
밤에 켜든 촛불이 제일 무서울 겁니다.

아내가 꽃도 사오고, 소만 절기에도 묘목을 사들고 온다.
마음이 힘겨운 것일까? 화사한 꽃에도 눈길 주고, 푸르른
것들에게도 눈길 보내면서, 위로 받고 마음 쉬고 싶었던 것
일까? 그런 생각 하였습니다. 한없는 일로 지치기도 하였겠
다 싶습니다.

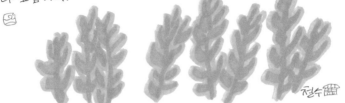

쉬게하고 싶지만, 그곁에서 나도 쉬고 싶지만, 그럴수 없는
사정이 있는법이지요. 바쁜 걸음으로 길위에 왔다가, 돌아와
자리에 앉으면 다시 앉는자리에서도 바쁘게 돌아칠 일이
있습니다. 팔자소관이지요! 그럴때, 사람보다 자연이 오
히려 위안이고 휴식이기는 합니다. 밤하늘 별·달이 그렇고
작고 화사한 꽃빛이 그렇지요. 엊그제도 먼길 함께 해줌
만결이 고마웠습니다. 사람은 때로 시끄러운 생명 이지요?

푸르른 것들 바라보며

아내가 꽃도 사 오고, 소만 절기에도 묘목을 사 들고 온다.

마음이 힘겨운 것일까?

화사한 꽃에도 눈길 주고, 푸르른 것들에게도 눈길 보내면서,

위로받고 마음 쉬고 싶었던 것일까?

마을산 챙기며, 운하 걱정하며, 여기저기 기름 마련 진심이며 …… 세상에
관여하고 거들어야 할 일도 참 많습니다. 좀 쉬고 싶은 때도 있습니다. 하는 동안은 웃고 해야지요. 살기 전에 밝지고 산 인연들이
많았던 모양이다 하고 지냅니다. 그래도 그렇게 살아온 덕에,
마을산 챙기며 이런저런 일로 사람가뭄을 겪지는 않았으니 복이
있는 셈입니다. 분주하게 사느라고, 가끔씩, 못 챙긴 마음들이 들고
일어서는 듯 싶기는 합니다. 마음 놓치면 크게 놓치고 잃는 것인 줄
압니다. 허리 곧추세우고 버릴 것 버리고 놓을 것 놓아야지요.
세상은 쉼 없이 갈등을 만들고, 욕심들 범람해서 지향 없이 쓸고
갑니다. 그득하기 어렵지요? 뜨거운 구름 위에 올라앉은 듯 …… 좌불안석.

뜨거운 구름 위에 올라앉은 듯

분주하게 사느라고, 가끔씩, 못 챙긴 마음들이 들고 일어서는 듯싶기는 합니다.
마음 놓치면 크게 놓치고 잃는 것인 줄 압니다.
허리 곧추세우고 버릴 것 버리고 놓을 것 놓아야지요.

늦봄, 마음문이 열렸는지, 그리 없는데, 꽃진 뜰이 더욱
화사하다. 꽃가고 여름오면 그다음가을 그리고 겨울이다.
계절도 마음도 앞서 살건 아니다. 봄날 봄을 잘 살고 여름
온전히 살아야지. 가을도 당연하고 겨울도 당연하지만.

봄, 여름, 가을, 겨울

꽃 가고 여름 오면 그 다음 가을. 그리고 겨울이다.
계절도 마음도 앞서 살 건 아니다.
봄날 봄을 잘 살고 여름 온전히 살아야지.

철수

꿈처럼 비가 흠뻑 내렸습니다. 목마른 초록생명들이 허겁지겁
물기를 빨아들이며 행복해 하는게 눈에 보이는 듯 했습니다.
단비처럼 좋은 소식을 기다리는 사람들도 많지요?
여유있어 거기 길들어 버린 사람들은, 가난해서 절박해진 이들의
속을 짐작하기 어렵습니다. 좋은 세상은 아직 멀었습니다.

선물처럼 떨어지는 복지사회가 어디 있으려구요?
사람이 만든 사회는, 긴 싸움 끝에 조금씩 조금씩 얻는게 생기는
비효율의 구조입니다. 기득권의 뿌리가 그렇게 깊다는 뜻이겠지요.

목마른 초록 생명들

단비처럼 좋은 소식을 기다리는 사람들도 많지요?

여유 있어 거기 길들어 버린 사람들은,

가난해서 절박해진 이들의 속을 짐작하기 어렵습니다.

폭력은 언어가 아니다!

청수 위기다!
권력의 위기가 아니라,
민주주의의 위기다.

시위가 변질되었다고? 무슨 그건 망발의 말씀을!
하루이틀도 아니고, 꽃피는 봄에 시작해서
성하의 더위에 이르도록 민심을 보여주었는데,
거짓말로 일관하는 매국·매판의 권력에게,
더, 무얼, 어떻게, 보여주어야 한다는 것인지?
역사의 후진을 꿈꾸는 어리석은 야행성 짐승들!

폭력으로 말하는 이들

위기다!
권력의 위기가 아니라,
민주주의의 위기다.
역사의 후진을 꿈꾸는 어리석은 야행성 짐승들!

흙에서 차암자고 어린 순이 솟아오를때, 작은 풀씨가 귀여운악마처럼 새순을 내어밀때, 콩싹이 산비둘기 무서워하면서 두팔 조심스레 들고 흙밖으로 나들때, 비오고나서 습기 촉촉해지면 콩나물보다 더 여린 잎과 줄기를 뻗는 그 무더러……, 하여튼 생명들이 기적같이 존재를 드러낼때, 늘 행복했습니다. 자연속에서 생명의 순환과 만나는 일은 사계절 공부방이기도 하지요. 가끔, 아주 가끔, 흙묻은 장화를 씻을때, 삽날을 씻을때도, 어린 시절 학용품 정리하는 기분이 그랬을거라 싶기도 했습니다. 세상이 힘겨우면, 도시에서는 아무래도 나를 건사하기 어렵겠으면, 와서 이렇게 살아 봐도 좋을거라고 이야기하곤했습니다. 세상 이렇게 막가고 있는데, 늦은저녁, 바람이 왜 이리 좋은거지요?

여린 순이 솟아오를 때

생명들이 기적같이 존재를 드러낼 때, 늘 행복했습니다.
자연 속에서 생명의 순환과 만나는 일은
사계절 공부방이기도 하지요.

초록들이 신명 나게 자라네요

마른장마랍니다.
비가 자주 올때인데 안오고 있다는 말이겠지요.
낮이 제일 길다는 하지가 엊그제 였습니다. 농촌에서는 지치도록
일해야 하는 절기입니다. 때 맞추어 비가오시고 해가나고해야
농사일이 순조롭습니다. 우순 풍조. 비가 적절히 오시고 바람이 순조
로우면 당연히 풍년이 들겠지요. 온나라가 풍년을 열망하던 시
절이 있었습니다. 이제는 아무도 관심을 두지 않는 농사일이지만 또
모를 일이지요. 국제 곡물 시세가 폭등하고 있습니다. 기름값 폭등으로
석유 문명에 회의가 일 듯, 먹을거리가 우리사회의 화두가 되지 말란
법이 없습니다. 하늘이라 부르던 비·바람·눈…… 조차, 갈수록 이변에

이상입니다. 기상·기후이변을, 옛사람들 식으로 하면 '하늘이 노했다'
가 될테지요? 노한 하늘을 어찌 달래고 화를 풀어야 할지요.

우순풍조

때맞추어 비가 오시고 해가 나고 해야 농사일이 순조롭습니다.
우순풍조, 비가 적절히 오시고 바람이 순조로우면 당연히 풍년이 들겠지요.
온 나라가 풍년을 열망하던 시절이 있었습니다.

- 오늘밤은 비가 많이 오실 거래요.
- 얼마나 많이?
- 대야물에 떨어지는 빗방울이,
  치킨집 기름솥에 닭다리넣는 것처럼
  요란스러울까요?
- 밖에 계치거든 갑작스러운 비를
  조심하세요.
  벌써 비가 쏟아지네요. 비오시는 날은
  비덕에도 좋아지는 하루 만드시고.

비 오시는 날

"오늘 밤은 비가 많이 오실 거래요."

"얼마나 많이?"

"대야 물에 떨어지는 빗방울이,

치킨 집 기름 솥에 닭다리 넣은 것처럼 요란스러울까요?"

꽃들은 죽자고 꽃대를 밀어올리고, 그 끝에 마음인듯 피워내는 화사
한 얼굴로 흔히 제이름을 삼지요. 궂은비 이어지는 계절에는 그
화사함이 햇살바라기도 합니다. 죽은날 못보고 스러지는 거지요.
그렇다고 꽃아니라 할수 있나요? 꽃이 그러하듯 우리
삶도, 비오시고 눈내리고 궂은날
기본날이었지만 엄연한 한생애
일겁니다. 쉽게 마음 접지 마시고,
힘내시기를……

궂은날도 죽기살기로 화사한 꽃처럼, 당신이 그렇게 아름다우시길. 철수

궂은 날도 죽기 살기로 화사한 꽃처럼

꽃들은 죽자고 꽃대를 밀어올리고,
그 끝에 마음인 듯 피워 내는 화사한 얼굴로 흔히 제 이름을 삼지요.
쉽게 마음 접지 마시고,
힘내시기를…….

비가 다녀가시고나니 무더운 날씨가 되었습니다.
무더위 속에서 진초록의 생명력이 싱그럽습니다.
한더위 속에서, 땀에 흠뻑 젖어보고 싶어지면, 문득 더위가 달리 느껴집니다. 한바탕 겨루어 볼 상대가 되는 거지요.
한낮을 피해 저녁나절에 잠시 일하고도 땀투성이가 되었습니다.
덕분에 몸도 마음도 개운해졌습니다. 땀에 젖어 볼 일 없이 여름을 나게 되면 이런 기분과 만날 기회도 놓치게 될테지요?

무더위

한낮을 피해 저녁나절에 잠시 일하고도 땀투성이가 되었습니다.

덕분에 몸도 마음도 개운해졌습니다.

땀에 젖어 볼 일 없이 여름을 나게 되면 이런 기분과 만날 기회도 놓치게 될 테지요?

먼강가느라 천천히 흐르는 강. 가면서 조금씩, 넓어지는 강. 그강 물길따라 잠시 내려갔다 옵니다. 장맛비에 물이 불었습니다. 깊어 가는 여름, 그속에서 부지런히 일하는 사람들의 밭이 정갈했습니다.

여름내 건강하게 부지런히 사시기 바랍니다.

건강하게 부지런히

먼 길 가느라 천천히 흐르는 강, 가면서 조금씩 넓어지는 강,
그 강 물길 따라 잠시 내려갔다 옵니다.
깊어 가는 여름, 그 속에서 부지런히 일하는 사람들의 밭이 정갈했습니다.

새벽들에서 땅새 어린것이 첫비상하는걸 보고 의술했
습니다. 눈개 더 가시지 않는 들에서 힘없는 날개짓에
행여 가는비가 잠이 될까 염려했었지요. 온세상의 저
많은 생명들이 참작은 상처에도 목숨을 잃고 몸과마음을
상하는 것 보았습니다. 도시 뒷길 보도위에서 죽어 있는
객사한 참새를 만나고 보니 '상처받기 쉬운 존재들' 이라는
말이 화두처럼 와있습니다. 조심 조심 살아야겠습니다. 늘.

상처 받기 쉬운 존재들

도시 뒷길 보도 위에서 죽어 있는 객사한 참새를 만나고 보니
'상처 받기 쉬운 존재들' 이라는 말이 화두처럼 와 있습니다.
조심 조심 살아야겠습니다, 늘.

비오실거라고, 아빠가 밭을 다 매고 왔다. 한동안은 밭에 나가지 않아도 된다고 했다. 전투가 소강상태라는 말이다.
제초제를 쓰면 일단 초토화가 가능하겠지만
손으로 김을 매야하는
경우에는 그렇게 행복한 시간을 누리기는 어렵다.
하늘은 언제나 순수한 생명의 편이어서 우리
인간의 욕심을 조바심하게 한다. 그렇긴 해도
하늘을 나무랄수는 없는 것이
우리 아이들 조차 그 하늘의
도움으로 청년이 되었다. 우리는
나이 들어가고. 겸손해 져야지!

늦도록 풀을 매다
대지에 빈자리 없이
채워가는 것이
초록의 일이라
전쟁이다!
승산없다

연일 무덥습니다.
열정적으로 일하고 시원하게
씻는 편이 낫겠지요? 도망
다녀봐야 어디 숨겠습니까?
장마를 틈타 '잠'들이 준동
할터이지요? 다음 전투에 만반
대비해야겠습니다. 건강을!

하늘의 편에 서서

하늘은 언제나 순수한 생명의 편이어서 우리 인간의 욕심을 조바심하게 한다.
그렇긴 해도 하늘을 나무랄 수는 없는 것이
우리 아이들조차 그 하늘의 도움으로 청년이 되었다.

촛불은
자기 연민을 알아서,
저를 태우면서 때로
조용히 눈물을 흘린다.

㊞ 조성수

초의 눈물

촛불은 자기 연민을 알아서,
저를 태우면서 때로 조용히 눈물을 흘린다.

살찐 초는, 제 욕심의 늪에
불꽃을 빠뜨려 스스로 자진한다.
욕심의 운명은 그렇게 …… 어둡다.

초의 욕심

살찐 초는, 제 욕심의 늪에 불꽃을 빠뜨려 스스로 자진한다.

욕심의 운명은 그렇게…… 어둡다.

작은 등불하나
켜서
어둠이 다사라지고
다 밝아지는것은
아니지만,
불켜지 못하면

등은
어둠속에서
어둠에 묻혀
어둠이 된채로
있게 되지요.
어둠이 내린뜰에서
작은 등을 밝히고
엎서를 적습니다.
새벽이면 뜨는해를
바라보던 자리지요.
늘, 밝은 존재로 사시기를……

작은 등을 밝히고

작은 등불 하나 켜서 어둠이 다 사라지고 다 밝아지는 것은 아니지만,
불 켜지 못하면 등은 어둠 속에서 어둠에 묻혀 어둠이 된 채로 있게 되지요.

뜨겁다. 무섭게 뜨겁다.
무더위 무서워도 더 무서운게 세상이라 무더위에 몸을 맡기는
사람들이 있다. 있기만 해? 많다. 아주 많다.

그렇지요? 사나운 한낮 더위에 들어서 일하다 돌아가신 어느
신들이 여럿 계신다는 소식을 들었습니다. 그렇게 절박해진
세상을 삽니다. 멀리 데려오면서, 무성한 풀을 베느라 길위에
있는 사람들 많이 보았습니다. 한낮이 힘겨운 이들이 한밤의
휴식인들 여유로울 턱이 없습니다. 개똥같은 세상입니다.

개똥 같은 세상

무더위 무서워도 더 무서운 게 세상이라 무더위에 몸을 맡기는 사람들이 있다.

있기만 해? 많다. 아주 많다.

폭염과 가뭄 끝에, 쏟아지는 비가 시원했습니다.
제 사정은 그렇지만, 그 비에 어려움 겪는 데도 없지 않을 듯은 합니다. 그렇게 다들 다른 형편을 삽니다. 늘 느끼는건 '동시대' 라는 말에 우리 모두를 담아내기 어렵다는 거지요. 고르지 못한 것이 하늘 뿐 아니지만, 크건 작건 기쁨도 즐거움도 마음 편히 드러내기가 어렵습니다. 이 비에 지붕이 새고 물이 차오르는 집도 있을 텐데요. 논밭들아 보았습니다. 제 논, 제 밭만, 유심히!

다들 다른 형편

폭염과 가뭄 끝에, 쏟아지는 비가 시원했습니다.

제 사정은 그렇지만, 그 비에 어려움 겪은 데도 없지 않을 듯은 합니다.

그렇게 다들 다른 형편을 삽니다.

늘 느끼는 건 '동시대' 라는 말에 우리 모두를 담아 내기 어렵다는 거지요.

조개껍질이 돈으로 쓰이던 시절이 있었다지요? 어린아이였던 시절에 우리들도 종이를 잘라 돈이라하고 소꿉놀던 기억이 납니다. 그때 우리를 처럼, 조개껍질로 돈을 삼던 사람들도 순진했을까요? 모르긴해도 지금 우리들처럼 영악스럽고 무섭지는 않았을 테지요? 그랬을거라고 믿고 싶습니다. 그게 우리의 옛 모습이었습니다. 사람의 본래 모습은 조개껍질조차 모르던 시절에서 찾아야 할지도 모릅니다. 돌아가고 싶지만 이제

정수

그러기는 늦어 버렸습니다. 돌아갈수 없는건 돈없는 사회 뿐아닙니다. 순진한 사람으로 돌아가는 일도 불가능해졌지요. 돈없이 며칠이나 견딜수 있을까요? 생각하고 자시고 할것도 없지요? 그렇게, 돈 그물에 갇히고 돈의 덫에 걸린 삶을 삽니다. 그게 우리현실이지요. 돈의 노예가 되어사는지 그래 되었습니다. 이게 돈이 우리의 주인이 되었다는 이야기지요. 그래도 우리가 주인이라 여기고 싶었는데 그게 아니라는 주장이 힘을 얻고 있습니다. 날이 갈수록, 살아 볼수록, 돈의 위력이 실감 났습니다. 법도, 정치도, 또 다른 무엇도, 모두 돈의 시녀가 되고 몸종이 되기를 자청하는 걸요? 삼성! 잡혀뷰예! 당연한 결과인가요? 슬픈 이야기지요! 뼈아프고!

돌아갈 수 없나요?

조개껍데기로 돈을 삼던 사람들도 순진했을까요?
모르긴 해도 지금 우리들처럼 영악스럽고 무섭지는 않았을 테지요?
그랬을 거라고 믿고 싶습니다.
그게 우리의 옛 모습이었습니다.

종일 일했습니다.
이틀 봄볕아래서 일하고나니
피곤하기도 합니다.

칡넝쿨도 걷고
아카시아도 쳐내는
거친 일이라
조선낫 들고갔습니다.

날렵한 왜낫이
풀베는데는 재바르지만
굵직한 나무에다
날을 박아넣으면
이가 나가버리고 맙니다.

좀 둔한듯해도
거친일에는 역시
조선낫 입니다.

종일 일하고도, 낫은
지친기색 없습니다.
충직한 일꾼입니다.
주인이 쉬면 곁에서
따라 쉬지만, 한결
같이 조용하고 묵묵한
표정으로 기다리지요.
한때, 낫이 무기처럼
쓰이던 시대가 있었습
니다. 분노가 실리면 꽤
사나운 물건이 됩니다.

철수

묵묵한 표정으로

종일 일하고도, 낫은 지친 기색 없습니다.
충직한 일꾼입니다.
주인이 쉬면 곁에서 따라 쉬지만, 한결같이 조용하고 묵묵한 표정으로 기다리지요.

살면서 버려야 할 것이 있겠지요?
무엇보다, 관념을 버려야겠다고 생각합니다. 관념?
쓸데 없는 생각의 무늬 같은 거지요. 열핏 아름답고 솔깃하지만 핏기는
없는 언어들. 거기선는 땀냄새 흙냄새 맡기 어렵습니다.
정직하지 않은 말.
뜬구름 잡는 이야기.
삶의 실감과 먼 이야기.
몸뚱이가 밥으로 기운을 얻듯
마음은 몸움직이는 삶에서
자양을 얻습니다. 살아가는게
건강하지 못하면 마음 역시
쓸데 없는 데로 흐르지요? 모르긴해도,
그러지 싶습니다.
몸을 천덕꾸러기로 여기는 시대가
되어 버렸지요? 땀흘리는 일을
부끄러워하는 세상입니다.
노동의 땀을 버리고, 힐스클럽에서
우아한 땀을 쏟으라는 세상.
남기전에 버리는 낭비가 미덕이 '허물'
되고, 낭비가 꿈인 세상.
비틀린 생각이 범람하기 안성맞춤입니다. 버릴것이 관념만 아니겠네요.

정숙2002

살면서 버려야 할 것

관념? 쓸데없는 생각의 무늬 같은 거지요.
얼핏 아름답고 솔깃하지만 핏기는 없는 언어들,
거기서는 땀 냄새, 흙냄새 맡기 어렵습니다.

화해란 비좁은 자리에
함께 서는 것인지도 모릅니다.
욕심을 더는 일이 필요하지요.

화해란 ......

화해란 비좁은 자리에 함께 서는 것인지도 모릅니다.
욕심을 더는 일이 필요하지요.

손님 오셨다가 두고간 말씀 중에, 정수
-잡초가 저와 비슷한 작물 옆에 나서 자라더라! 하는 말이 있었습니다.
밭에 나는 풀이 그런 전략을 쓰는지는 모르지만 옳은 말씀입니다.
그분도 어느 농촌에서 사신다니 김매다 발견한 사실이지 싶습니다.
굼벵이도 구르는 재주는 있다더니 초록들도 생각이 있어 제 살아갈
궁리를 그리하는 건지도 모르지요.
잔디밭을 가꾸다 하면, 바랭이처럼 잔디와 정면승부하는 녀석들이
있고, 키를 키워 잔디의 머리 위에서 노는 고공 전술파가 있는가 하면
잔디보다 더 낮은 키 바짝 엎드려서 낮은 포복으로 자리를 넓혀가는
치들도 있습니다. 자리 다툼에서는 비켜서 있다가, 비 오시고 습기
많은 날 빠르게 자라오르는 버섯류도 있지요. 그 모든게 지혜라면
지혜지요. 살아남는게 존재의 지상과제일 텐테요. 정정당당 없는, 정글.

잡초의 생존법

"잡초가 저와 비슷한 작물 옆에 나서 자라더라!"
밭에 나는 풀이 그런 전략을 쓰는지는 모르지만 옳은 말씀입니다.
초록들도 생각이 있어 제 살아갈 궁리를 그리 하는 건지도 모르지요.

내
당신께
드릴수
있는
이것
하나

청수2008

세상은 갈수록 강퍅라지고, 기댈테 라고 가까운 이들과 나누는 깊은 교감
뿐입니다. 주고 싶고, 받고 싶은 것, 그 뿐입니다. 외롭지 않으려고!

마음 하나 선물로

세상은 갈수록 강퍅라지고, 기댈 데라고 가까운 이들과 나누는 깊은 교감뿐입니다.
주고 싶고, 받고 싶은 것, 그뿐입니다.
외롭지 않으려고!

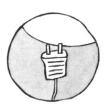

언뜰러2드
- 달빛 -
▦ 천수

구름사이로 서넛 별이 보이고, 이제 달이 떴습니다. 아름다웠습니다.
아내가 하늘보라고 불러 나가본 하늘소식이 그랬습니다.
그 하늘 아래서, 사람구실은 하고사니? 혼자서 그리 묻습니다.
불려나가서 괜한 야단을 듣고 온 셈입니다. 달빛 환한 교정에서.

달빛 환한 교정에서

구름 사이로 서넛 별이 보이고, 이제 달이 떴습니다.

그 하늘 아래서, 사람 구실은 하고 사니? 혼자서 그리 묻습니다.

불려 나가서 괜한 야단을 듣고 온 셈입니다.

오전에 병원에 있다며 검사하고 오후에 보자던 마을 친구가 오후에 만났더니 암이라고 했습니다. 내일 당장 큰병원 찾아 올라가야 한다고 했습니다. 명절 전에 수술하고, 명절 지나서는 벼 베야한다는 게 이유였습니다. 검사하느라 아침 굶었더니 배가 고프다며 태연한 농사꾼 친구를 보면서 생각이 많았습니다. 전해 준 이야기로는

마음 맡기지 말것
정수

어쩌면 초기암 일지도 모른다니, 계획한대로 가볍게 수술마치고 돌아 와서 제날에 벼도 베어주면 좋겠습니다. 농사짓는 사람들 치고 암수술 받고 환자 노릇하느라 누워지내는이 없습니다. 암 통보 받았다고 금새 '암환자' 행세하는것도 못보았구요. 뿌리 뽑히지 않는한 결코 절망하지 않는 초록과 살아온 때문일까요? 그렇게, 좋았던 여름하루!

초록 닮아 의연한 사람

농사짓는 사람들치고 암 수술 받고 환자 노릇 하느라 누워 지내는 이 없습니다.
암 통보 받았다고 금세 '암 환자' 행세하는 것도 못 보았구요.
뿌리 뽑히지 않는 한 결코 절망하지 않는 초록과 살아온 때문일까요?

돌이 되어 버린 우리들의 마음을 타고 생명이 자라올라옵니다.
눈에 보이는 모든 생명이 그렇지요? 장마에 비가 잦으니 그틈을
타고 산야의 뭇초록들이 신명을 내고 자랍니다. 우리들도 모두
초목과 다르지 않고,
산야를 누비는 새들과
산짐승·들짐승과
다를 바 없는, 생명들
입니다.
도희 짐승이라고 해야
할까요?
포식과 휴식 그리고
번식이, 폭망의 총목록
인듯 보이는 '야생의
짐승'들과 초목들은
그 안에서 '순잔한
다툼'만을 겪고
사는듯 합니다.
이청수드림
우리는 무한경쟁의
전쟁터에서 살아가느라 욕심으로 굳어져 돌이 된 마음들입니다.

도희 짐승

포식과 휴식 그리고 번식이, 욕망의 총목록인 듯 보이는 '야생의 짐승' 들과 초목들은
그 안에서 '순진한 다툼' 만을 겪고 사는 듯합니다.
우리는 무한 경쟁의 전쟁터에서 살아가느라
욕심으로 굳어져 돌이 된 마음들입니다.

비도 오시고, 이른 점심을 먹자하고 감자옹심이를 판다는
국도변 식당으로 갔습니다. 차로 십분거리쯤 될까? 그리
멀지 않은 식당은 조촐했습니다. 간단한 밑반찬과 함께
나온 옹심이는 메추리알 만큼하게 빚은 경단을 수제비 처럼

이철수

끓인 것이었습니다. 양념은 거의 없고 흰경단만 끓이다시피
해서, 참 정직한 음식이구나 했습니다. 간하라고 놓은 것
도 소금 이었습니다. 맛도 단순했습니다. 왠지 좋았습니다.
진하고 자극적인 것에 길들여 살던 입맛을 반성해야할
것 같은 기분이었습니다. 사람도, 세상도 본래맛이 있을까요?

감자 옹심이 한 그릇

간단한 밑반찬과 함께 나온 옹심이는 메추리알만 하게 빚은 경단을

수제비처럼 끓인 것이었습니다.

양념은 거의 없고 흰 경단만 끓이다시피 해서, 참 정직한 음식이구나 했습니다.

사람도, 세상도 본래 맛이 있을까요?

온 나라에 비가 오시는가 봅니다. 그 비가, 이 밤에도 이어지고 있습니다.
간밤에는 설악에서 잠들었습니다. 거기서 잤으니 거기서 깼지요.
집에 왔다가, 찾아오신 지인들과 죽이 맞아서, 입은 옷 그대로 슬리퍼짝
끌면서 나선게 거기까지 다녀오게 되었습니다. 참 생각 없는 사람
이지요? 설악에 사는 동네사람 인줄 알았는지, 가벼운 핀잔도 들었습
니다. 하여튼, 자연은 입성 보고 사람 대하시는 법이 없어서 빼어난
설악의 산세다 구름·안개·굳은비·바람을 두루 보았습니다. 동해바다도
오가는 길에 조금 보았구요. 저녁이나 함께하자고 나섰다가 …….
밤에 처서야할 풀이 태산인데, 책상에서 해야할 일도 있었는데, ……
대충은 후회는 않는편이 낫습니다. 그래서, 좋았습니다. 언제, 설악을 보자고
마음 내고 보따리 싸서 길을 나서겠습니까? 꿈처럼, 바람처럼, 바보처럼,

꿈처럼, 바람처럼, 바보처럼

자연은 입성 보고 사람 대하시는 법이 없어서
빼어난 설악의 산세와 구름·안개·굳은 비·바람을 두루 보았습니다.
동해바다도 오가는 길에 조금 보았구요.
저녁이나 함께하자고 나섰다가…….

돈에서는 무슨 냄새가 날까?
땀흘려 번돈에서는 땀냄새가
나겠지. 아껴모은 돈에서는
자린고비 짠내가 날거야.
쉽게번 돈에서는 썩은파일향이
날지도 몰라. 더럽게 번 돈에선
썩은 발고랑내가 날테지.
달걀 썩는 내도 비슷한 지독한!
복잡한 거짓말로 늘린 재산에서는
시체썩는 냄새가 나더라고!

돈에서 나는 냄새

돈에서는 무슨 냄새가 날까?
땀 흘려 번 돈에서는 땀 냄새가 나겠지.
아껴 모은 돈에서는 자린고비 짠내가 날 거야.
복잡한 거짓말로 늘린 재산에서는 시체 썩은 냄새가 나더라고!

쉽게 오갈수 있으니 걸어서 하루종일 가야 할 곳을 멀지않다
하는구나.
어쩌,

비오신다고 뜨거운 국물있는 점심을 찾아 차를 끌고 나섰다가
소낙비처럼 쏟아지는 비를 만나 했었던 생각입니다.
그렇게 쉽게 얻게 되는 탓에 음식이건 물건이건 귀한줄을 모르
고 지내나 봅니다. 흔한것이 많아졌습니다. 떨이로 쏟아내
는 처치 곤란인 물건들 속에 우리들도 있는건 아닌지 걱정이
됩니다. 현실은 '탕진지옥'이지요? 버리다 하면 나도 버리게 되는!

나도 흔해질라

흔한 것이 많아졌습니다.
떨이로 쏟아 내는 처치 곤란인 물건들 속에
우리들도 있는 건 아닌지 걱정이 됩니다.

새벽뜰에 나서면 바짓단에 이슬이 젖습니다. 당연히 신발도 젖기 마련입니다. 가리는데 없이 촉촉하게 내린 이슬을 밟으면서 아침 마당을 걸어, 대문을 열고 논밭한 바퀴 돌아와도 새벽이슬 여전합니다. 대지에 이슬을 뿌리신 그 손이어야, 세상의 이슬 거두기도 하겠다 싶습니다.

갇혀서 사는 모든것들,
그방이 텅빈곳 인줄
모르는동안만 살아 있습니다

새벽뜰에서, 이슬에 날개가 젖은채 죽어있는 잠자리를 보았습니다. 대낮 이슬걷힌 뜰에서는 잠자리들 날고있는 것도 보았습니다. 혼인비행중인 잠자리들에게는 오늘이 절정이겠습니다. 조만간 이슬에 젖어 생애를 마친다해도, 오늘 절정의 사랑과 비행까지 슬프다할 까닭은 없습니다. 사는 동안, 존재의 경이 늘 함께하시기를!

이슬 많은 새벽 뜰에서

혼인 비행 중인 잠자리들에게는 오늘이 절정이겠습니다.
조만간 이슬에 젖어 생애를 마친다 해도,
오늘 절정의 사랑과 비행까지 슬프다 할 까닭은 없습니다.

연꽃이 다녀가고, 다시오고, 또 떠나갑니다.
여름친구 같습니다. 연꽃 떠난자리에는 어김없이 연밥이 남
습니다. 환하게 벌어진 연꽃은 한 이삼일 입니다. 절정의 시
간이 짧아도 아쉽지 않은건, 물속 흙바닥에서 물밖 꽃대와
봉오리와 꽃과 연밥에 이르는 성장과, 마르고 시들어 다시 제
자리로 돌아가는 여정이 그대로 온전하기 때문이지요. 아름다운 생!

아름다운 생

환하게 벌어진 연꽃은 한 이삼 일입니다.
절정의 시간이 짧아도 아쉽지 않은 건,
물속 흙바닥에서 물 밖 꽃대와 봉오리와 꽃과 연밥에 이르는 성장과,
마르고 시들어 다시 제자리로 돌아가는 여정이 그대로 온전하기 때문이지요.

아침 나절에 아빠와 밭에서
일하다 회의가 있어 외출하고
돌아오니 저물었습니다. 매일
이다시피 김을 매는 일이 여간
힘들지 않습니다. 둘이서 해도
힘든 일이라, 해왔을때 나까지
말고 해설핏하거든 나가라고
당부하고 나섰는데 와서
보니 그일을 다했습니다.
그러리라고 예상은 했었
지만 그러다 몸살 앓을까
걱정스러웠습니다. 우리
한국 중년들 이럴때 불쑥
화를 내기 일수지요?

마음으로는 고맙고 미안하지만, 표현은 살잡기 보다 거칠어지는 걸
알다가도 모를 일입니다. 오늘은 실수 않고 잘 받았습니다. 풀숲에서
모기에게 물린, 얼굴이며 여기저기 약을 발라 주기까지 했는걸요!
'러너스하이'라는 게 있다지요? 꾸준히 달리다 보면 힘든 고비를 지
나면서 경험하는 은근한 황홀경이 있어서 운동중독이 되기도 한다
는 겁니다. 농사일도 하다보면 기쁨이 있습니다. '농사꾼하이'라는 말이
없는것 보면 황홀경 까지는 아닌듯하지만, 나름의 깊은 재미는 있습니다.

농사꾼 하이

'러너스 하이' 라는 게 있다지요?
농사일도 하다 보면 기쁨이 있습니다.
'농사꾼 하이' 라는 말이 없는 것 보면 황홀경까지는 아닌 듯하지만,
나름의 깊은 재미는 있습니다.

작은 초록빛 생명들은 이렇게 솟구쳐야 하지만, 물가는 그래서
안될 일입니다. 물가가 가파르게 치솟아서 걱정이 많습니다.
경제의 민주화가 21세기 우리사회의 화두가 되어야 할 판
인데, 폭등하는 물가가 가난하고 여유없는 서민들을 거칠게
위협하고 있으니, 차분한 논의 이전에, 지향없는 불만과 분노
를 이용한 난기류가 일까 걱정됩니다.

하늘로 하늘로

작은 초록빛 생명들은 이렇게 솟구쳐야 하지만,

물가는 그래서 안 될 일입니다.

중복입니다. 고추가 붉어지기 시작하고, 콩잎도 한창 무성합니다. 올벼는
이삭이 패기 시작합니다. 무더위 힘겹지만 농작물에는 없어서 안될
절기지요. 도시에서는, 삼계탕 드실 핑계가 되거나 피서여행 적기로
삼기 좋은 절기로 여겨지지 싶습니다. 복날이라고 안부전화가 적지않습니다.
딸아이는 핸드폰 고쳤느냐고 묻습니다.
여러날전에 핸드폰을 세탁기에 넣고 돌렸거든요.
긴 외출에 집전화를 돌리는터나
쓰는 터라 주머니에 넣는
핸드폰을 의식하지 못해
벌어진 일입니다.
분해하고 말려서

철수

어렵게 살려 놓았지만, 이래 저래 문제가 많아서 수리점 신세를 졌습니다.
누가 안쓰는 전화기를 주어서, 정 수리가 어려우면 바꾸기로 했는데, 버튼
두어개 안듣는 정도로 쓸수는 있다기에 계속 쓰기로 했습니다.
무엇이건 익숙한게 좋지요.
고작 3년여 만에 '구형' 취급을 받게된 핸드폰을 앞에 두고, 오십년 넘게
쓰고 있는 몸뚱이를 생각합니다. 생각이며 시력이며 낡아가는 처지를
생각하면 파렴치하게 사는것 아닌가 싶기도 합니다. 그래서 일까?
4년차 핸드폰과 수리로 동병을 맺는 기분 입니다.
밖에서는 10년차 2,3만 킬로 중형차 옆 낡은차가 나도 끼워 주려야지!
하는 표정입니다. 심복에는 냉방에 문제가 있지만 아직 잘 달립니다.

함께 낡아 가는

고작 삼 년여 만에 '구형' 취급을 받게 된 핸드폰을 앞에 두고,
오십 년 넘게 쓰고 있는 몸뚱이를 생각합니다.

모처럼, 스님을 뵈었습니다.
여전했습니다.
고마웠습니다. 여전하셔서!
예전같지 않은 사람들,
자리따라 변해 버린 사람들,
하도 많은 세상이라
더 고마웠을까요?
그랬을지도 모르지요.

내내 가벼운 잡담이 오가고
끝난 자리였지만, 그래도
명색, 선승과 마주 앉는 자리
인지라 마음에 다녀가는

獺 견수

혼잣생각이 아주 없지는 않았습니다. 마침 비가 오시는 날이었습니다.
－스님, 비오시는 날은 어떻습니까?
－산천초목이 비에 젖지!
－날씨가 고맙습니다! 그런 이야기는 마음에만 있다 떠났습니다.
날씨가 음식대신 함께 나눈 점심공양이 입에 달았습니다.

고맙습니다

모처럼, 스님을 뵈었습니다. 여전했습니다.

고마웠습니다. 여전하셔서!

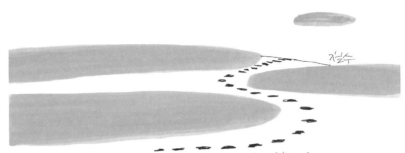

점수

저는, 한때 잔디밭을 편드는 사람이 되어 삽니다.
뜰에 잔디를 심어 잔디 일색,을 만드는 편협한 사람이지요.
잔디 이외에 어떤 것도 용납할 생각 없으니 '잡'들이 보이기만
하면, '발본색원' 뿌리를 뽑아 버립니다. 덧날 도모하는 풀이 단
하나도 없기를 바라지요. 불필요한 존재라고 생각하는 겁니다.
알량한 뜰의 주인이 되었다고 전제 군주의 생각을 고스란히 품은
듯 행동합니다. 일색이어도 광활한 숲은 불모라 하지 않고 사막과
설산은 불모라 부르는건 거기 다양하게 깃드는 생명이 있고 없기 때문
일겁니다. 초록 융단같은 잔디밭은, 아름다운 불모, 화장짙은 얼굴 일까요?

잔디 일색

일색이어도 광활한 숲은 불모라 하지 않고 사막과 설산은 불모라 부르는 건
거기 다양하게 깃들이는 생명이 있고 없기 때문일 겁니다.
초록 융단 같은 잔디밭은, 아름다운 불모, 화장 짙은 얼굴일까요?

비가 많이 오실거라지요? 회의가 있어 나갔다가, 돌아오는 길에 큰비를 만났습니다. 한시간쯤 폭우를 맞으며 달려 오는길이 위험해 보였지만 어쩌겠습니까. 조심 조심 내처 왔습니다. 와이퍼를 바삐 움직여도 시야가 또렷해 지지 않고, 앞차가 뿌리는 물벼락을 만나면 잠깐씩 눈앞이 깜깜해 집니다. 그저 조심이 최고라고 생각하고 왔습니다. 무사히 집에 돌아온 것 운이 좋았다 싶었습니다. 집에서도, 벙벙하게 흘러 나가는 마당물과 길로 흐르는 흙물을 보면서 걱정이 많았습니다. 잠시 그친 틈에 논밭 돌아 보느라 나왔더니 동네 어른들 모두 그렇게 나오셨습니다.
─아직은 괜찮어유. 비가 많이 온다니 걱정이지유! 하십니다.
아직은 그렇습니다. 비 피해 없으신지요? 자연은 차츰 힘이 세지요?

아직은 괜찮어유

벙벙하게 흘러 나가는 마당 물과 길로 흐르는 흙물을 보면서 걱정이 많았습니다.
잠시 그친 틈에 논밭 돌아보느라 나왔더니 동네 어른들 모두 그렇게 나오셨습니다.
아직은 괜찮어유. 비가 많이 온다니 걱정이지유! 하십니다.

가을 빛에 눈멀면 마음 덜덜까

오늘을 온전히

세상에 와서 아직 살아 있으니 하루하루가 아름다운 날인 것을.

모자란 것이 있고, 힘겨운 일이 많아 고통스럽다 해도,

살아 있어 경이로운 하늘 아래의 일인 것을.

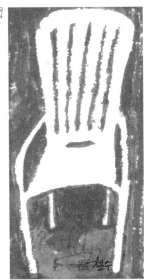

힘드시지요?
이런시절에도 꽃도 피고
또 지고, 열매도 익고
알곡도 영글고,
짙푸르던 초록에도
가을빛이 돕니다.
무상하여
그렇게 변하고 흐르는
것이지요.
오늘도 쥐떼 아기들이
태어나고,
결혼식장 영업도하고,
장례식·영안실도
쉬지 않았습니다.

사람도,
몸으로는 다 알고 있지요.
나서, 자라고,
늙어 죽는데도,
비기도 없고
꽁짜도 없습니다.
그나마 다행이지요?

몸도 그렇게 하늘이치를
아는터, 마음이 덤덤어서
세상이 이렇지 싶습니다.
세상에 특별한 소식들이
참도 많아서 다 거두어
담을수가 없기도 하지만,
허구헌날 쌔우듯하기도
힘이 들어 잠짓 덮었습니다.
그러자니, 이렇게
힘이 듭니다.
힘들어서 하늘을 보고,
힘들어서 가을 좋은들판도
봅니다. 그렇게 외면하는
일도 쉬운게 아니어서 ……
의자하나 내 왔습니다.
힘드신 그마음들 잠시
앉으시라고 !
자주 쉬세요.
저도 그래 보겠습니다.
쉬어야 다시 시작할수
있습니다.
좋은 주말 되시기를 ……

자주 쉬시길

의자 하나 내왔습니다.
힘드신 그 마음들 잠시 앉으시라고!
자주 쉬세요. 저도 그래 보겠습니다.
쉬어야 다시 시작할 수 있습니다.

소식 들으셨는지요? 스님·신부님이 오체투지 해서 먼길을 다녀오시기로 했답니다. 시대가 하 수상하여 사람들 잔에도 말길이 순조롭지 못하고, 가파른 언덕을 쏟아지듯 변하는 비인간의 사회도 이제 막다른 데 이른듯 합니다. 온몸을 던져 땅에게 엎드리는 오체투지는, 우리 존재를 가장 낮은데 두고 마음 역시 온전히 비우는 일입니다. 우리시대의 타락이 우리와 내 탓이라는 겸허한 뉘우침은, 시대의 죄를 대신 씻는 대속 과도 다를 바가 없습니다. 그렇게, 불교와 기독교가 세속의 길위에서 길동무가 되신다니 이렇게 고마울 데가 없습니다. 주제 넘게 바라기는, 그 길 에서 오체를 땅에 내려놓을 때 미움한 톨도 없으시기를…… 걸으면서 한없이 투명해 지시기를……

어리석은 마음
길위에
내려놓고

'마음'
길에
내려놓는
오체투지
ㅇㅇㅇ ㅇ

몸을 땅에 내려놓을 때

온몸을 던져 땅 위에 엎드리는 오체투지는,
우리 존재를 가장 낮은 데 두고 마음 역시 온전히 비우는 일입니다.
우리 시대의 타락이 우리와 내 탓이라는 겸허한 뉘우침은,
시대의 죄를 대신 씻는 대속과도 다를 바가 없습니다.

산에는
암도라는게 있습니다. 그걸 방자해서 널짝한
도로를 냈습니다. 산이, 아프다! 아프다! 하는 듯 한데
그걸 도무지 모르는 무신경들도 참 많은가 봅니다.

산이 아프다는데

산이, 아프다! 아프다! 하는 듯한데
그걸 도무지 모르는 무신경들도 참 많은가 봅니다.

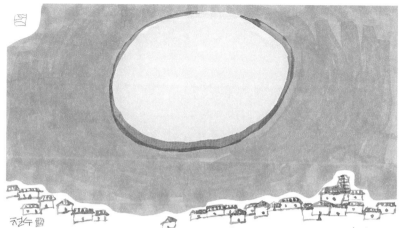

한가위 보름달 그 환한 달빛아래 가난한 사람들 위에 내릴 축복은
얼마나 될까? 세상의 가난은 사라질리 없지만, 그 가난을 바라보는
따뜻한 눈길조차 거두어 버리는 시대는 참혹하여라. 보름달 크고 밝으
면 무엇하나? 세상과 나를 비추는 마음이 환해지는, 한가위 맞으시기를 ……

마음만은 환해지시길

한가위 보름달 그 환한 달빛 아래
가난한 사람들 위에 내릴 축복은 얼마나 될까?
세상의 가난은 사라질 리 없지만,
그 가난을 바라보는 따뜻한 눈길조차 거두어 버리는 시대는 참혹하여라.

한해 저물어 가면 떠올리게 되는 사람 기억이 있습니다. 새해 첫날,
의지할데 없는 어리고 가난한 형제가 라면으로 아침을 때우면서
참 힘들었다던 친구. 언젠가 이야기 하셨지요? 손금 보아 주면서 부모
운이 없다고 했었더니 그건 이야기 쏟아냈었다고. 언젠가 길에서 보고
또 여러해 흘렀습니다. 성직자로 잘살고 있을겁니다. 세상에 이렇
게 싹싹한 손금였다고 바라는 대로 다 될거라고 했었던요. 아마
격려와 응원을 섞는 이야기였지 싶습니다. 이제야, 지난 가난의
의미도 잘 이해하고 살테지요. 새롭게 만나는 가난은, 운이기 보다

선택이고
결단일
겁니다.
제가 기어들
일 없을 테지요.
여겨왔다면
또 그렇게 여겨
있는데로 선택하는
나눔과 베품이
있겠지요. 제 운명을
검사하고 조언하는
지혜도 얻어서 사는 장년의

신사에게는
추억을함께
하면서
마주듯는
그건 인사로
충분할겁니다.

한해 저물어 가든지
어디서 우뢰를 잡는날
처럼 제 인생이 아직
버거운 친구들 있으면 함
내서 사시라고 적습니다.

우리들 젊은 날처럼

새해 첫날,
의지할 데 없는 어리고 가난한 형제가
라면으로 아침을 때우면서 참 힘들었다던 친구.

행여라도 손급이야기에 솔깃하셨을까 싶어서 오늘 저녁 야참으로 라면 한 냄비 더 끓였습니다. 어린시절에 그건 호기심 있었던 때가있 었습니다. 제 인생의 고삐를 제가 쥐고 있는걸 아는게 더 깊고 중요한 일인줄 그땐 몰랐지요.

끌려가기로
작정하면
한 없고
방법도
없습니다.

묶여사는
짐승으로 내내
살게 되는 거지요.

세상을 미혹하고
우리를 어리석은 껍질속에
몰아넣는 그 계략에
빠지지 마세요.

사는게, 주어진 조건과
싸우고 화해하고 풀어 가면서도, 허심해지고 긍정적이 되고 자유로워 지려는 노력이지요. 절망조차 존재의 긍정 위에 있는 것인 걸요. 마음이 조용해지면 절로 자취 없어지는 고민도 많지요. 단순한 덧뿌림 아니지만, 거기서 시작하면 길이 보입니다. 열심히! 마음 고요히! 쉼 없이!

열심히, 마음 고요히, 쉼 없이

사는 게, 주어진 조건과 싸우고 화해하고 풀어 가면서도,
허심해지고 긍정적이 되고 자유로워지려는 노력이지요.
절망조차 존재의 긍정 위에 있는 것인걸요.

비가 옵니다.
가을 인데…… 여름처럼 쏟아지는 거친 빗소리, 낯이 설었습니다. 이렇게 환경이 변하고 있습니다. 내년이 또 어떻게 변하게 될까 짐작하기 어렵습니다. 차도 버리고 …… 그래야 자연의 보복을 피할수 있을 테지만 오늘도 차를 몰고 다녀올 일이 있었습니다. 어, 어하다 재앙을 맞게 된다면 변명할 것 없이 우리들 탓입니다. 자승자박·자업자득이겠지요.

명심하게
뭐라
호마더
하고싶다니

철수

제가 좋아하는 선생님 한분이 어려서 쓰시던 추억의 색연필을 사모님께 선물하셨다고 했습니다. 사모님께서는 좋아하셨다고 했습니다. 보석 여겨 보다 훨씬 '예쁜 '선물이었겠다 했습니다. 소박한 물건이지만 기쁨은 컸던 옛날이 그리우셨을까요? 되돌릴 수만 있다면 돌아가고 싶은 순정한 시대에는 '사람'이 있었던 듯 싶습니다. '사람'이 그립고 '사람'이 소중해 졌다는 말씀이겠지요. 베트남 신화에 있는 이야기 — 사람이 되는것이 제일 어려운 일이란다! 그말이 사실인듯 합니다. 사람이 되는일.

사람이 되는 일

되돌릴 수만 있다면 돌아가고 싶은 순정한 시대에는 '사람' 이 있었던 듯싶습니다.
'사람' 이 그립고 '사람' 이 소중해졌다는 말씀이겠지요.
베트남 신화에 있는 이야기, "사람이 되는 것이 제일 어려운 일이란다!"
그 말이 사실인 듯합니다.

태풍이 비를 터리고
왔습니다.
익어가는 볏논에서
젖은 이삭이
고개를 떨구고,   이
아예 누워 버리고   접수드림
싫어하는 기색인 것들도 있습니다. 가을비는 반갑게 하는 이가 없는지
않습니다. 하늘길 · 물길이 끊기고 바람피해도 났다고 들습니다.
기상이변이며 환경 변화를 어떻게 감당하나 싶은 생각이 듭니다.
곰곰 생각해 보면, 자연이야말로 인간이 저질러놓은 원죄의 죗값
을 제일 크게 받고 있습니다. 다 된 밥에 코 빠뜨린다고, 다익어가는 가을
결실들이 비바람 맞으면 한해 헛수고 한 셈이 될텐터……, 그래도
자연은 비바람 앞에 기꺼이 몸을 맡기고 춤을 춥니다. 아프고슬픈 춤이겠지.

아프고 슬픈 춤

곰곰 생각해 보면,
자연이야말로 인간이 저질러 놓은 원죄의 죗값을 제일 크게 받고 있습니다.
그래도 자연은 비바람 앞에 기꺼이 몸을 맡기고 춤을 춥니다.

가을에, 집 없는 이들, 허전하고 쓸쓸하고 막막하겠다. 자식 없는 이들도! 이 너른 세상에 내 집 한 칸, 자식 하나 없으면 노경이 빈 쭉정이처럼 허탈하겠다. 집은 집이라서, 자식은 자식이어서, 거기 온기를 더하는 터입니다. 인생에 온기를 더한다구요. 벼 이삭 다 함께 영그는 듯 해도, 훑어 보면, 빈 쭉정이 나락도 있고 덜 차서 앙상한 것도 섞여 있습니다. 어디 쭉 고르기만한 결실이 있겠나 싶다가도, 작은 생명의 불운이 사람 사는 일과 다르지 않다 싶으면 문득 연민이 일기도 합니다. 우리 서로 따뜻해 지기를!

작은 생명의 불운

벼 이삭 다 함께 영그는 듯해도,

훑어 보면, 빈 쭉정이 나락도 있고 덜 차서 앙상한 것도 섞여 있습니다.

찬곳이라, 넘도 마냥
얼렁이는 대숲도 꿈꾸지 못합니다.
마을에서 콘도저지. 마을산 찾기 하느라
마을 분들과 자주 어울리다 보니 마을사람들의
어록을 만들어야겠다 싶을 때가 있습니다.
때로 능청이는 대숲이다가
때로 솔숲이다가 어느때는 코스머, 단풍 든 풍악인듯
쏴기도 한 언어의 숲이 장관입니다.
~둥치가 흔들리지 않는데 까짓 잎사귀 줄기 좀 펄럭거린다고
대수겄슈? 괜찮어유! 냅둬유!

정수 [인장]

마을 어르신의 명언

"둥치가 흔들리지 않는데 까짓 잎사귀 줄기 좀 펄럭거린다고 대수겄슈?
괜찮어유! 냅둬유!"

비가 잦아서 달팽이 피해가 많습니다.
조용히 천천히 걷는 것의 대표주자로 달팽이를 거명하기도 하는
터이지만 그 걸음으로 해치우는 솜씨는 여간 아니지요.
유기농산물에 유독 많이 보이는 달팽이는 1급수 어류처럼 청청한
자리를 즐기는가 봅니다. 잎채소의 청정함을 증명해 보이면서
그를 먹어치우기도 하는 역설적인 존재를 이렇게 그려 보았습니다.
사람도 대략 그런 원리 안에서 살고 있는 것 아닐까요?

달팽이를 보며

잎채소의 청정함을 증명해 보이면서

그를 먹어 치우기도 하는 역설적인 존재를

이렇게 그려 보았습니다.

사람도 대략 그런 원리 안에서 살고 있는 것 아닐까요?

이제 황금벌입니다. 논마다 이삭이 고개를 숙이고 푸른기운을 접고 노랗게
말라가기 시작하였습니다. 서리 오시기 전에 가을걷이해야합니다.
서릿발에 고스라지기 시작하면 낟알이 쏟아지고 볏짚은 물기빠져
부스러지고 맙니다. 싸늘한 서릿발에 뭇 초록들이 무너지듯 마을 어른
한분이 세상을 떠나셨습니다. 가을길로 조문을 다녀왔습니다.
나고죽는일 세상에 흔한 것이지요?
생명이 오고 가는 원리 안에서 일하고 살아가는 탓인지 농촌 어르신
들은 생사관이 또렷합니다. 가야할때를 알고 의젓하게 기다리십니다.

죽음에 대한 두려움이 적고 이승의 삶에 집착이 크지 않다는 말씀입니다.
늙고 병들어 걸음이 무거워지신 마을 어른과 장지에서 돌아오는길에도
"이제 다됐어!" 하시며 먼저 가라고 제등을 떠미시며면서 `당신차례`
를 이야기하셨습니다. 젊은이 없는 마을 걱정도 하십니다. 젊은 우리
들의 수고에대한 인사도 빠뜨리는 법이 없지요. 배운것없어 아는것
없으니 마을을위한일에도 역할이 없다셨습니다. 살면은 지혜가 깊으신걸

가야 할 때를 알고

생명이 오고 가는 원리 안에서 일하고 살아가는 탓인지
농촌 어르신들은 생사관이 또렷합니다.
가야 할 때를 알고 의젓하게 기다리십니다.

그 많던 여름손님들
그 수선스럽던 뭇가
이제 조용합니다.

가을이 올거라고
한결 차분해진 풍광이
이야기하는 듯합니다.

뜨겁던 한여름이
그새 추억이 되었습니다
즐기며 걸을만한 별뒤에도
가을기운이 묻어 납니다.

젊음은 감상적이 되고
노령의 어른들은
쏟아지듯 흐르는 시간을
실감하실지도 모릅니다.

그리 많이 남지 않은
가을걷이,
살아온 그만큼만
거둘수 있음을 잘 아는
사람이라면, 마음이

거울처럼 맑아져서 제
살아온 어제를 결산
하게 되지요.
— 이제 도리 없음.
— 나머지 많지않음.
— 다시 꿈꿀수 없음.
결론이 보이고 나면
오히려 홀가분 하지요.
그건 계절 입니다.
아직 꿈꾸어도 좋은
젊은 사람들은 잊어야할
계절 일까요?
조용해진 마음에 그
꿈을 비추어 보아도 좋
을테지요? 이 다음
어느해, 다시 이계절에,
인생을 결산하게 될
어느날도 그 마음에
저를 비추어 보아야할
테니까. 그마음의 오늘.

당신도 조용하세요
잠시 있다 떼울께요
신경쓰지 마세요 철수

거두는 계절

그리 많이 남지 않은 가을걷이,

살아온 그만큼만 거둘 수 있음을 잘 아는 사람이라면,

마음이 거울처럼 맑아져서 제 살아온 어제를 결산하게 되지요.

가을들판이 금빛입니다. 그 위를 지나는 바람 있으면, 금빛 이삭이 춤추고 노래하는 듯 합니다. 다 이루고 난 삶이 넘치는 기쁨을 쏟아내는 것일까요! 그 춤 그 노래, 오늘은 내 눈앞에서 펼쳐진 아름다움 이지만, 나만을 위한 무대 일리는 없습니다. 이 소식을 온 세상에 전하라는 듯도 하고, 이 소식을 온몸으로 보고 듣고 느껴 알라는 듯도 보입니다. 감당하기 어려운 주문입니다. 감당키는 어려워도 피할 수도 없습니다. 이 가을들판에서 듣는 목소리는

가을바람이,
금빛벼이삭을 불러 간다.
다 드러났다. 천성수

금빛 들판에 서서

가을 들판이 금빛입니다.
그 위를 지나는 바람 있으면, 금빛 이삭이 춤추고 노래하는 듯합니다.
이 소식을 온 세상에 전하라는 듯도 하고,
이 소식을 온몸으로 보고 듣고 느껴 알라는 듯도 보입니다.

철수

손님 보내고 하던 일 마치고 시작했더니 작은 고구마 밭에 고구마를 다 못 캐고 해가 저물었습니다. 드문드문 싹이 돋아있는 놈들 있는 것 보니 고구마 수확이 늦어진 것 맞습니다. 내일은 비가 올지도 모른데서 서둘렀는데, 도리없이 내일 아침이 화창하기 기다려야 합니다. 비만 뿌리지 않으면 아침 두어시간 안에 마저 캘수 있겠습니다. 고구마는 사람하고 같이 간다잖아요! 하신 동네 아주머니 이야기를 들었더니 방안 윗목에서 겨울을 나는 고구마의 팔자가 꽤나 상팔자인가 여겨졌습니다. 제집에서는, 안방을 차지할수는 없고 훈기 있는 보일러실에 넣게 되지 싶습니다. 상처없이 캐서 너무 마르지 않게 잘 건사하면 겨우내 양식이 되기도 하고 군것질이 되기도 합니다. 고구마를 안방에 들이는 건 겨우내 그것으로 배를 채우던 시절 이야기 일 테지요? 방안에서 고구마와 흙내가 나는 삶의 양식이 살갑게 느껴지긴 합니다. 올 겨울에는 고구마 방안에 들인 덕에 저녁마실 가게 되면 좋겠습니다.

고구마 팔자

"고구마는 사람하고 같이 간다잖아요!" 하신 동네 아주머니 이야기를 들었더니
방 안 윗목에서 겨울을 나는 고구마의 팔자가
꽤나 상팔자인가 여겨졌습니다.

낙엽이 뒹굴면
다가올 겨울이 무서워지는,
가련한 삶이
얼마나 많은지요?

누더기에
젊은때와 진땀을 얹어서
남루하고 초라해진 인생은,
가을길에 굴러다니는 낙엽과도
별 다른 영락한 삶의 고비를
힘겹게 넘고 있을겁니다.

우리만해도,
가을같으면 익어가는 머루송이처럼
꽤 다행한 삶을 살고 있는 거지요?

부끄러움도 많은 위축된 표정으로 살아가는 사람들에게
작은 친절·배려·위로가 얼마나 큰힘이 되는지 아시지요?
나누시자구요! 청량한 가을 기운처럼 당신이 웃어주세요.
손잡아주시구요. 늘 그러셨지요? 그러셨으리라 짐작합니다.
천사시잖아요! 날개가 보송보송해진 가을 천사! 멋지네요!
이가을에, 늘 아름다운 당신께 인사드립니다.
참고맙습니다. 고맙습니다. 축하드립니다.

천수
(도장)

가을 천사

부끄러움도 많은 위축된 표정으로 살아가는 사람들에게
작은 친절·배려·위로가 얼마나 큰 힘이 되는지 아시지요?
나누시자구요! 청량한 가을 기운처럼 당신이 웃어 주세요.

황금빛 빛의 조각들이 쏟아져 내리는 가을 한낮이 어찌 축복이 아닐까? 밝고 가볍고 빛나는 가을 햇살 아래서, 뭇 생명들이 제가 살아온 한해를 거두고 있습니다. 온갖 아쉬움·부끄러움·아픔과 슬픔까지 거기 스며 있지만 그 모든 것으로 '오늘'입니다. 그걸 모르는 생명이 있을 리 없습니다. 욕심을 벗고 살피면 우리들의 오늘도 보이겠지요? 그늘 생의 진면목이라고 한다고 들었습니다. 순수한 존재의 눈으로 스스로 살피라고 늦은 가을이 한없이 밝습니다. 그 빛에 눈멀면 마음이 열릴까.

축복

순수한 존재의 눈으로 스스로 살피라고 늦은 가을이 한없이 밝습니다.
그 빛에 눈멀면 마음이 열릴까.

문없는 문입니다.
바람 구름 마음 다드나드는 문입니다.
주인없는 집에 드나드는 문입니다.
누구나 주인인 집에, 들면 드는문 나면 나는 문입니다.
존재가 그처럼 있어서, 나와 남이, 나와세상이, 넘나
들며 부딪치지도 싸우지도 않게 되기를.

문 없는 문

바람, 구름, 마음 다 드나드는 문입니다.
주인 없는 집에 드나드는 문입니다.
누구나 주인인 집에, 들면 드는 문, 나면 나는 문입니다.

온갖 것에 눈멀어서 싸우듯 살다 보니 가을이 지나고 있습니다.
길고 짧은 평생에 깊어지고 온전해진 생명들이 저마다 결실을
얻어 조용히 제 발밑에 내려 놓았습니다. 다 이룬 것이지요. 다 된
것이기도 합니다. 발밑에 놓인 가을생명을 물끄러미 바라보는 듯
한 나무와 풀들은 한없이 조용합니다. 더는 어찌해볼수 없었을
생애를 조용히 바라보는 눈들로 늦가을이 깊고 깊습니다.

이철수

영혼의 넉넉함이 없이 가진 것이 많아지면 죽음까? 그득한 눈없이
눈감고 멀리는 삶이 아름다울까? 부지런히 일하고 살아야 쌓을 것
있는 것처럼 영혼의 풍요도 거저는 못얻는 걸, 비울 것 비우고 놓을 것
다 놓아버린 빈몸뚱이의 가을이 일러 주는듯 합니다. 들을 귀 없으
면, 이 계절이 그저 쓸쓸하고 내일은 적막 할 터입니다. 참 아름다운
가난이 거기 계시는 걸, 조용히 다가가면 그 가운데서 서로 반가울 것을.

저마다 발밑에 내려둔

온갖 것에 눈멀어서 싸우듯 살다 보니 가을이 지나고 있습니다.
길고 짧은 평생에 깊어지고 온전해진 생명들이 저마다 결실을 얻어
조용히 제 발밑에 내려놓았습니다.
다 이룬 것이지요. 다 된 것이기도 합니다.

집안에 있는 대추를 털었습니다. 농익어 털었더니 물러지고 볼품
없어서 물해는 조금 서둘렀습니다. 책상 머리에서 하는 일이라고
하나같이 눈을 혹사하는 터라 바깥일 붙잡아야 눈도 쉬고 마음도
쉬게 됩니다. 고구마를 위시해서 캐고 따고 거둘것이 많습니다.
그때마다 눈도 마음도 쉴수 있게 되겠지 그런 기대를 하고
있습니다.

철수

긴 장대 없어서 지게작대기 같은걸로 두들기고 있자니 이웃사람이
지나다 웃으며 한마디 했습니다. "작대기가 짧아요!"
알고 있지요. 다 털어도 다 먹지도 못하는걸요!
-저는 다 털었습니다. 하고 써서 붙여 놓아야 할까 봅니다.
유난히 메뚜기 많은 계논에는 올해도 마을 아주머니들이 여러분
왔다가셨습니다. 어느날 메뚜기 볶아놓고 소주한잔 하라는
전갈이 있을겁니다. 그렇게 올것이 오는 법이거든요. 읍, 안와도 그만!

"저는 다 털었습니다"

집 안에 있는 대추를 털었습니다.
긴 장대 없어서 지게 작대기 같은 걸로 두들기고 있자니
이웃 사람이 지나다 웃으며 한마디 했습니다.
"작대기가 짧아요!"
알고 있지요. 다 털어도 다 먹지도 못하는 걸요.

하늘도 거칠 것 없는 푸르름 한장 입니다.
마음이 그걸 담을 수 있었기를! 구차하게
살아도 포기해서 안되는 땅위의 삶도,
초라하면 초라한대로 넉넉하면 넉넉한
그대로, 따뜻하고 소중한 수확으로 갈무리
해야지요. 외롭더라도, 혼자 초라하다 싶은
때라도, 돌아보세요. 사람도 있고 ……
무언가 있을테니까. 희미한 신연이 뜻밖에
힘이 될지도 모르지요. 어디로 숨어버리지는
마시기를! 아시지요? 생은 스스로 북돋우며
시작하는 걸 겁니다. 저도 그러는 걸요.

이청준

하늘은 거칠 것 없는 푸르름 한장

어디로 숨어 버리지는 마시기를!
아시지요?
생은 스스로 북돋우며 시작하는 걸 겁니다.

올해도 곶감을 깎아 널었습니다. 이틀 저녁을 두고 감껍질을 깎으면서, 우리는 엉터리 농사꾼이라 군것질 농사할때 얼굴빛이 더 환한가보다 하고 내외간에 웃었습니다. 감나무 한그루에서 적잖은 감이 내려와 앉았습니다. 감꽃이 아닌데, 작년올해 먹을 만한감이 달리는 것 보면 기후변화가 심상치 않아 싶긴합니다. 특선 먹거리는 곶감이달다 하는 속담이 그런 예언은 아니었겠지만, 기꺼운 간식거리에 웃고 있는 우리도 차츰 속없다 싶긴합니다. 어쨌든, 곶감은 달고 맛있습니다.

기꺼운 간식거리

올해도 곶감을 깎아 널었습니다.
이틀 저녁을 두고 감 껍질을 깎으면서,
우리는 엉터리 농사꾼이라 군것질 농사할 때 얼굴빛이 더 환한가 보다 하고
내외간에 웃었습니다.

이삼일 뒤서리 내리더니 먼산은 머리에 단풍을 이고 섰습니다. 낮은 데서는 단풍이 짙어가는 걸 곁에서 보게 되지요? 사람의 가을빛은 희끗한 머리카락일까요? 우리들끼리 욕심으로 불화하는 동안, 각각의 인생은 일찍 시들고 있을지도 모르지요. 좋은세상 - 너무 낡았지만 아직, 그 말이 좋은데요? - 아름다운세상·다툼이 적은 사회·차별도 적은 사회를 안타깝게 기다리고 있습니다. 그 꿈이 사라지지 않는데, 세상의 겨울이

이철수

오고 있는걸까요?
담장이 붉고 누른 가을 속에서, 조용한 분노같은게 끓어오르고, 해가 저물었습니다.

사람의 가을빛

낮은 데서는 단풍이 짙어 가는 걸 곁에서 보게 되지요?
사람의 가을빛은 희끗한 머리카락일까요?
우리들끼리 욕심으로 불화하는 동안,
각각의 인생은 일찍 시들고 있을지도 모르지요.

세상탓, 세상에 대고하는 푸념, 너무 많이 할건 아니다 싶습니다.
어째도 남게 되는게 내 마음에 있는 무책임과 나태이기도 합니다.
세상을 우리가 이렇게 만들고 용납해온 것 아닐까요? 하루톤 싸움은
피하고 외면하고 ……. 개인의 운명이나 사회의 운명이 있다면, 그렇게
운명을 조장해온 탓이겠지요. 우리모두의 행운·건운·대운을 위하여! 위하여!

이철수

우리 모두를 위하여

세상 탓, 세상에 대고 하는 푸념, 너무 많이 할 건 아니다 싶습니다.
어째도 남게 되는 게 내 마음에 있는 무책임과 나태이기도 합니다.
세상을 우리가 이렇게 만들고 용납해 온 것 아닐까요?

가을 깊어서 산색이 하루가 다릅니다.
먼 산은 붉고 누른빛이 어우러져 화려합니다. 썩기 직전이 향기로운
과일향처럼, 쏟아져 내리기전 나뭇잎들도 그렇게 아름답습니다.
아침부터 밭을 치웠습니다. 깨끗하게 비우고 겨울을 맞는게 옳지
싶었습니다. 쓸고 닦지 않은 방이나 씻지않고 둔 그릇이 흉하듯,
거둘것 거두고 뒷설거지 않은 밭도 흉물이지요. 마음 바쁘고 미루어
둔것이 많지만 우선 밭부터 치우기로 했습니다. 해저물도록 일하고
싶었는데 소낙비가 쏟아집니다. 가을소나기! 뒤이어 연극하는 축배들
이 들이닥치고 나더니, 이제 학자들 한패가 오고 있더네요. 가을손님들!

먼 산 붉고 누른빛

가을 깊어서 산색이 하루가 다릅니다.
먼 산은 붉고 누른빛이 어우러져 화려합니다.
썩기 직전이 향기로운 과일 향처럼,
쏟아져 내리기 전 나뭇잎들도 그렇게 아름답습니다.

바람타는 버드나무를 보았다.
바람불거든, 그렇게 온몸을
흔들어라.
세상이 바람을 알도록!
예민하고 부드러운 마음이
그렇듯.

건수

미풍에도 가지끝을 흔들어라. 뿌리 깊은 나무는, 중심은 땅속깊이 두고
여린 잎 무성히 있는바. 관목의 둥치는 흔들림없이 버텨야 하겠지.
나머지는 바람따라 흔들려라. 아우성쳐라. 때로 부러지고 날려 가거라!

바람 타는 버드나무

바람 불거든, 그렇게 온몸을 흔들어라.
세상이 바람을 알도록!
예민하고 부드러운 마음이 그렇듯,
미풍에도 가지 끝을 흔들어라.

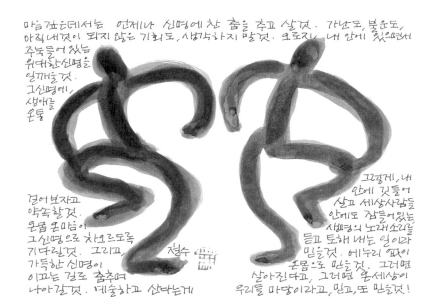

춤추며 살 것

예술하고 산다는 게
그렇게 내 안에 깃들어 살고 세상 사람들 안에도 잠들어 있는,
생명의 노랫소리를 듣고 토해 내는 일이라 믿을 것.
에누리 없이 온몸으로 믿을 것.

옛!
누님과 친구분이 야생화를 담은 화분들 데리고 다녀가신지 여러날
지났습니다. 마당 여기 저기 자리 보아서 심었습니다. 지금은 모두
숨은듯하지만 내년 봄이면 다들 얼굴 보게 되겠지요. 마음다스리기
어려울때 야생화들과 지내면서 하늘 얻었다던 이야기도 마당에
함께 사는 사람입니다. 언젠가, 서울 어디 큰가게에서"철수야!"하고
부르는 목소리에 깜짝 놀랐습니다. 누님의 어릴적 친구분 이셨지요.
이제 중년을 지나는 나이에도"철수야! "가 가능한 옛인연들은
다시 보면 참 따뜻해지는 기분입니다. 누님들! 이 계셨네요. / 철수

철수야!

언젠가, 서울 어디 큰 가게에서
"철수야!" 하고 부르는 목소리에 깜짝 놀랐습니다.
이제 중년을 지나는 나이에도 "철수야!"가 가능한
옛 인연들을 다시 보면 참 따뜻해지는 기분입니다.

저기서, 한평생 자리옮기지 않고 조용히 서 있는 은행나무 한그루, 올해도
가을내내 노랗게 익은 은행알을 내려놓고 있습니다. 세상의 모든 나무가
그러지요? 제자리에서 오래오래 견디고 서 있었습니다. 거쳐도, 몸도, 그
리고 마음도, 그렇게 의젓하고 싶지만 그리 쉬운일이 아닙니다.

정수

산다는건, 사람으로 산다는건, 구차하고 잡다한 속에서 견디는 일입
니다. 살아보니 그렇습니다. 그안에서 애써 고요를 찾고, 마음의 작은
평화를 기다리고 또 기다리는게, 또한 삶이었습니다. 요즘처럼
마음산 찾기에 분주할때는, 그나마 익숙해진 일상이 흐트러져 있어서
견뎌야 할 구차와잡다가 한층 많아진 삶이 됩니다. 그안에서도, 제
안에서 기다리는 평상심과 자주 보고 살아야지 생각합니다. 된서리
에도 은행나무 아직 푸릅니다. 싸늘한 초겨울 바람 불면, 짧은 황색이 되어서
제 나무둥치 아래 그 잎을 다 내려 놓을테지요. 그 아름다움을 기다립니다.

산다는 건

산다는 건, 사람으로 산다는 건, 구차하고 잡다한 속에서 견디는 일입니다.
살아 보니 그렇습니다.
그 안에서 애써 고요를 찾고, 마음의 작은 평화를 기다리고 또 기다리는 게
또한 삶이었습니다.

고만고만한 소나무 옮겨 심어놓고 나서,
저기서 본 우람한 소나무 의젓한것을 머릿속에 그리는 내마음이나
속깊은 민주사회를 꿈꾸는 우리들의 마음이나!
우물에서 숭늉찾기 였을까?
기다리되, 기다리면서 해야할 내몫․우리들의 몫을 잊지 않게 되기를.

기다리면서

기다리되, 기다리면서 해야 할 내 몫,
우리들의 몫은 잊지 않게 되기를.